CD

ポルトガル語の会話エッセンス
● 定型表現集 ●

田所清克　野中モニカ　共著

三修社

まえがき

　外国語を習得するに当たって、文法をないがしろにした、会話およびコミュニケーション能力アップ一辺倒の考え方に著者は与しません。しかしながら、わが国ではどちらかといえば、文法の学習を優先するあまり、実用会話がおぼつかない状況にあります。この点、外国語を身につける手立てとして文法規則（体系）の理解から始めるのも一理ありますが、もっと実用面に重きをおいた学習形態を採り入れてもよいのではないでしょうか。

　ところで、管見ながら、外国語の会話運用能力を高めるのには、日常の具体的な局面において繰り返し用いられる定型表現や決まり文句、さらには、会話の展開をスムーズにする「会話枠組み」などをマスターするのが早道のように思います。

　本書『ポルトガル語会話のエッセンス―定型表現集―』はまさしく、そうした視点を踏まえて基本的なポルトガル語会話の運用に資するべく、ポルトガル、ブラジル双方の国で用いられる、頻出の日常表現を中心にまとめたものです。一口会話をも網羅したこの定型表現集を通じて、いささかなりともポルトガル語圏の人々との会話およびコミュニケーションが可能になれば、著者にとっては望外の喜びです。

　末尾ながら、純に学問的な見地から本書の刊行をご快諾頂いた三修社社長、前田俊秀氏、そして、編集全般にわたってお骨折りくださった編集部の菊池暁氏に対して、記して深甚なる謝意を表する次第です。

田所清克・野中モニカ

Prefácio

Para dominar um idioma estrangeiro, os autores não apóiam a metodologia de ensino que negligencia a gramática para elevar exclusivamente as habilidades de comunicação. Porém, no Japão, a conversação prática se encontra em uma situação duvidosa justamente porque se dá prioridade ao estudo da gramática. Apesar de existirem razões lógicas para o estudo de um idioma estrangeiro a partir da compreensão das regras gramaticais (sistemática), pensamos também que seja possível adotar uma forma de estudo que dê mais importância ao uso prático da língua.

Ao nosso ver, uma forma de "cortar caminho" para melhorar a habilidade de comunicação em uma língua estrangeira é dominar expressões fixas ou frases convencionais, muito utilizadas em suas diversas situações do cotidiano, e também as "estruturas da conversação" que ajudam no desenvolvimento da comunicação.

O livro "Coletânea de Expressões - Essência para a Conversação em Língua Portuguesa" focaliza tal aspecto e lista as expressões usadas no cotidiano e de aparecimento freqüente tanto em Portugal quanto no Brasil. Será uma alegria imensa aos autores se este manual prático se tornar útil para a conversação e comunicação entre os falantes de língua portuguesa.

Gostaríamos de expressar os nossos sinceros e profundos agradecimentos ao Presidente da Editora Sanshusha, Sr. Maeda, pelo consentimento na publicação deste livro, puramente pelo ponto de vista acadêmico, e ao Sr. Kikuchi, vice-chefe do Departamento Editorial, que nos ajudou em todos os aspectos da edição.

Kiyokatsu Tadokoro
Mônica Nonaka

目 次

久しぶりに会った時の表現 ……………………………………12
EXPRESSÕES DE SAUDOSISMO

慰める時の表現 …………………………………………………14
CONSOLANDO E TENTANDO AJUDAR

暇乞いの表現 ……………………………………………………18
TER QUE SAIR

好意を伝える時の表現 …………………………………………20
MANDAR SAUDAÇÕES

感謝する時の表現 ………………………………………………22
AGRADECIMENTOS

感謝に対する返答 ………………………………………………24
PARA RESPONDER AOS AGRADECIMENTOS

謝る時の表現 ……………………………………………………26
PEDIR PERDÃO

意見に同意する時の表現 ………………………………………28
CONCORDAR COM A OPINIÃO

賛同・同意しない時の表現 ……………………………………30
DISCORDAR DA OPINIÃO

様々な招待の表現 ………………………………………………32
VÁRIAS FORMAS DE CONVIDAR

社交辞令での招待 ………………………………………………34
CONVIDAR POR CONVIDAR

5

招待に応じる表現 ··36
ACEITAR UM CONVITE

招待を断わる表現 ··38
RECUSAR UM CONVITE

会話を始める時の表現 / 見知らぬ人を呼びかける時の表現············42
INICIAR UMA CONVERSA/ABORDAR UM DESCONHECIDO

聞き手の注意を引く / 注意を払う表現 ·····························44
VERIFICAR A ATENÇÀO DO INTERLOCUTOR / PRESTAR ATENÇÀO

ほめる時の表現 ··48
ELOGIANDO

祝意を表す表現 ··50
CONGRATULAR (-SE)

不平を言う / 要求する時の表現····································52
RECLAMANDO E EXIGINDO

関心を示す表現 / 大変関心が高い様子 ·····························56
DEMONSTRAR INTERESSE/MUITO INTERESSE

無関心を示す表現 ··60
DESINTERESSE OU DESCONSIDERANDO

まったく無関心を装う表現 ··64
MUITO DESINTERESSE

即答を避ける / 曖昧にする表現····································66
EVITAR RESPONDER DIRETAMENTE/SER EVASIVO

目次

主張や行動を明確にする表現 …………………………………70
ESCLARECER AFIRMAÇÕES E ATITUDES

誤解を解く表現 ………………………………………………74
DISSIPAR MAL-ENTENDIDOS

叱る・非難する時の表現 ……………………………………76
CRITICANDO E REPREENDENDO

驚きを表す表現 ………………………………………………80
DEMONSTRAR SURPRESA

会話を終わらせる表現 ………………………………………82
PROCESSOS PARA ACABAR A CONVERSA

侮辱する・罵る時の表現 ……………………………………84
INSULTANDO OU PRAGUEJANDO

人の言葉をさえぎる表現 ……………………………………86
INTERROMPER ALGUÉM E TOMAR A PALAVRA

残念がる表現 …………………………………………………90
LAMENTAR

誰かの死を悼む表現 …………………………………………92
LAMENTAR A MORTE DE ALGUÉM

考えや感情を表す表現 ………………………………………94
EXPRESSAR PENSAMENTOS E SENTIMENTOS

助けを求める時の表現 ………………………………………100
DIRIGIR-SE A ALGUÉM PARA PEDIR AJUDA

7

目次

応対の様々な表現 ·················· 102
ATENDER

電話 ····························· 104
TELEFONE

相槌の表現 ······················· 106
EXPRESSÕES NO MEIO DA CONVERSA

感嘆文 ··························· 108
INTERJEIÇÕES

会話を続けたり、引き延ばす表現 ····· 110
DAR CONTINUIDADE, PROLONGAR A CONVERSA

情報について尋ねる・乞う時の表現 ··· 114
PERGUNTANDO OU PEDINDO INFORMAÇÃO

すでに取り決めていた約束を変更・キャンセルする表現 ········ 116
DESMARCAR OU ALTERAR UM COMPROMISSO JÁ COMBINADO

確認・明確のための表現 ············ 120
CONFIRMAR, VERIFICAR E CLARIFICAR

話題を変えたい時の表現 ············ 126
MUDAR DE ASSUNTO

元の話題に戻す時の表現 ············ 128
RETOMAR O ASSUNTO

会話に出てくる人物の評価をめぐっての表現 ·············· 130
DESCREVENDO PESSOAS NA CONVERSA

CDトラック一覧表

Track		ページ
1	久しぶりに会った時の表現	12
2	Mini-diálogo	12
3	慰める時の表現	14
4	Mini-diálogo	16
5	暇乞いの表現	18
6	Mini-diálogo	18
7	好意を伝える時の表現	20
8	Mini-diálogo	20
9	感謝する時の表現	22
10	Mini-diálogo	22
11	感謝に対する返答	24
12	Mini-diálogo	24
13	誤る時の表現	26
14	Mini-diálogo	26
15	意見に同意する時の表現	28
16	Mini-diálogo	28
17	賛同・同意しない時の表現	30
18	Mini-diálogo	30
19	様々な招待の表現（フォーマル / インフォーマル）	32
20	Mini-diálogo	32
21	社交辞令での招待	34
22	Mini-diálogo	34
23	招待に応じる表現	36
24	Mini-diálogo	36
25	招待を断わる表現（フォーマル / インフォーマル）	38
26	Mini-diálogo（フォーマル）	38
27	Mini-diálogo（インフォーマル）	40
28	会話を始める時の表現 / 見知らぬ人を呼びかける時の表現	42
29	Mini-diálogo	42
30	相手の注意を引く / 注意を払う表現	44
31	Mini-diálogo（別の事を考えていた時）	44
32	Mini-diálogo（聞き手の注意を引く）	46
33	ほめる時の表現	48
34	Mini-diálogo	48
35	祝意を表す表現	50
36	Mini-diálogo	50
37	不平を言う / 要求する時の表現	52
38	Mini-diálogo	54
39	関心を示す表現 / 大変関心が高い様子（驚き）	56
40	Mini-diálogo	56
41	（疑問もしくは否認（容認しない））	58
42	Mini-diálogo	58
43	無関心を示す表現	60
44	Mini-diálogo	62
45	まったく無関心を装う表現	64
46	Mini-diálogo	64
47	即答を避ける / 曖昧にする表現（話し手と意見が合わない時に、中立の立場を取る）	66
48	Mini-diálogo	66

Track		ページ
49	（不快感を与える拒絶の表現を避けるために）	68
50	Mini-diálogo	68
51	主張や態度を明確にする表現	70
52	Mini-diálogo	70
53	誤解を解く表現	72
54	Mini-diálogo	72
55	（釈明）	74
56	Mini-diálogo	74
57	叱る・非難する時の表現	76
58	Mini-diálogo	78
59	驚きを表す表現	80
60	Mini-diálogo	80
61	会話を終わらせる表現	82
62	Mini-diálogo	82
63	侮辱する・罵る時の表現	84
64	Mini-diálogo	84
65	人の言葉をさえぎる表現	86
66	Mini-diálogo	88
67	残念がる表現	90
68	Mini-diálogo	90
69	誰かの死を悼む表現	92
70	Mini-diálogo	92
71	考えや感情を表す表現	94
72	Mini-diálogo / Mini-diálogo	98
73	助けを求める時の表現	100
74	Mini-diálogo	100
75	応対の様々な表現	102
76	Mini-diálogo	102
77	電話	104
78	Mini-diálogo	104
79	相槌の表現	106
80	Mini-diálogo	106
81	感嘆文	108
82	Mini-diálogo	108
83	会話を続けたり、引き延ばすための表現	110
84	Mini-diálogo	112
85	情報について尋ねる・乞う時の表現	114
86	Mini-diálogo	114
87	すでに取り決めてあった約束を変更・キャンセルする表現（フォーマル / インフォーマル）	116
88	Mini-diálogo（フォーマル）	116
89	Mini-diálogo（インフォーマル）	118
90	確認・明確のための表現	120
91	Mini-diálogo	120
92	Mini-diálogo	122
93	Mini-diálogo	124
94	話題を変えたい時の表現	126
95	Mini-diálogo	126
96	元の話題に戻す時の表現	128
97	Mini-diálogo	128
98	会話に出てくる人物の評価をめぐっての表現	130
99	Mini-diálogo	132

本書の使い方

　普段、私たちがよく使う日常の言い回し、定型表現ないしは決まり文句であっても、これをポルトガル語に置き換えるとなると、話は別です。つまり、双方の間に横たわる言語思考や発想法の違いなどから、ポルトガル語でとっさに口に出ない表現もあまたあります。

　本書はこの点に着目して、対話者とのコミュニケーションが円滑に図れるように、日常のさまざまな場面、状況で用いられる発話内容を想定しつつ、項目ごとに対訳形式で頻出の基本的な表現を網羅しました。むろん、そうしたポルトガル語の表現の中には、上述の言語思考や発想法から来るものもあり、私たちにとって理解しがたいものも少なくありません。それらについては注記で施しています。また、表現そのものが一辺倒にならないように多様性を持たせ、フォーマル、インフォーマルな表現を問わず、同義もしくは類義のものも多く列挙しました。なお、日本語訳に関してですが、ポルトガル語文では多くの場合、男性が用いる言葉と女性が用いるそれには違いはありませんので、実際に使用する際には、それぞれの立場で解釈してください。

　本書を通じて読者の皆さんは、例えば、感謝の表現一つをとっても、さまざまな言い回しや、定型表現の類があることに気づかれるはずです。そこでまずは、読者の皆さんには、簡単で基本的な重要表現の一、二をしっかり身に付けていただきたい次第です。その後、種々の対話コミュニケーションに対応可能な他の表現も少しずつマスターされることを願っています。

　各項目の表現の後には、ダイアローグを付しています。この対話は極力、テーマに変化を持たせながら異なるシチュエーションの下に、ブラジル人の間で日常、頻繁に交わされる [内容の] 会話を再現したものです。したがって、生きた会話が学べるはずです。

　ダイアローグにおいては、項目にある表現を引例することによって実用に資するように務めている一方で、語彙を増やすための工夫を凝らしています。ですから、ダイアローグでは、同じ語彙の使用はなるべく避けました。

　本書に付せられているCDは、あいまい母音の多いポルトガル語のみならず、ブラジルで話されるポルトガル語が有する独特の発音を理解するうえで、すこぶる有益なものになるでしょう。ネイティヴスピーカーの会話を幾度となく耳にすることによって、正しいポルトガル語の発音を身につけていただきたいものです。

CDトラック
付属CDで発音やイントネーションをチェック

シチュエーション別によく使うフレーズを掲載

EXPRESSÕES DE SAUDOSISMO / 久しぶりに会った時の表現

1	Há quanto tempo!	お久しぶりですね！	1
2	Poxa, que bom que o mundo é redondo!	まあ、地球が丸くてよかったわ。（遠く離れていても再会できる、という意味で使用される）	2
3	Nossa, que saudades!	まあ、懐かしいわ。	3
4	Faz tempo que não nos vimos!	長いこと会わなかったわね。	4
5	O que tem feito?	何をしていたの？	5
6	Onde tem andado?	どこへ行っていたの？	6
7	Como tem passado?	どう過ごしていたの？	7
8	Faz tempo desde que nos encontramos pela última vez!	最後に会ってからだいぶ経ちますね。	8
9	Nem dá notícias!	便りもよこさないで！	9
10	Anda sumido!	消えていたのね！	10
11	Nem pra dar notícias!	便りをよこすこともしないで！	11
12	Que bom te encontrar depois de tanto tempo!	本当にお久しぶりです。会えてうれしいです。	12
13	Estava com muitas saudades!	とても寂しかったわ。	13
14	Não mudou nada, hein.	まったく変わっていませんね。	14

Mini-diálogo na cidade / 街中で 一口会話

A: Ei, você não é a Mônica?
B: Professor! Há quanto tempo!
A: É mesmo. Não mudou nada, hein.
B: O senhor também.

A: あれ、君、モニカじゃない？
B: 先生！ お久しぶりですね！
A: そうだね。まったく変わってないな。
B: 先生もです。

左ページにポルトガル語

各シチュエーションごとに、日常でよく使われる会話を再現

右ページに対応する日本語

EXPRESSÕES DE SAUDOSISMO

1. Há quanto tempo!
2. Poxa, que bom que o mundo é redondo!
3. Nossa, que saudades!
4. Faz tempo que não nos vimos!
5. O que tem feito?
6. Onde tem andado?
7. Como tem passado?
8. Faz tempo desde que nos encontramos pela última vez!
9. Nem dá notícias!
10. Anda sumido!
11. Nem pra dar notícias!
12. Que bom te encontrar depois de tanto tempo!
13. Estava com muitas saudades!
14. Não mudou nada, hein.

Mini-diálogo na cidade

A: Ei, você não é a Mônica?
B: Professor! **Há quanto tempo!**
A: É mesmo. **Não mudou nada, hein.**
B: O senhor também.

久しぶりに会った時の表現

お久しぶりですね！	☐	1
まあ、地球が丸くてよかったわ。	☐	2
まあ、懐かしいわ。	☐	3
長いこと会わなかったわね。	☐	4
何をしていたの？	☐	5
どこへ行っていたの？	☐	6
どう過ごしていたの？	☐	7
最後に会ってからだいぶ経ちますね。	☐	8
便りもよこさないで！	☐	9
消えていたのね！	☐	10
便りをよこすこともしないで！	☐	11
本当にお久しぶりですね。会えてうれしいです。	☐	12
とても寂しかったわ。	☐	13
まったく変わっていませんね。	☐	14

※2: 遠く離れていても再会できる、という意味で使用される

街中で　一口会話

A: あれ、君、モニカじゃない？
B: 先生！　お久しぶりですね！
A: そうだね。まったく変わってないね。
B: 先生もです。

CONSOLANDO E TENTANDO AJUDAR

1. ■ Você está bem?
2. ■ Está tudo bem contigo?
3. ■ Vai ficar tudo bem.
4. ■ Vai dar tudo certo.
5. ■ Desabafa.
6. ■ Veja o lado bom das coisas.
7. ■ Não se preocupe.
8. ■ Deixa prá lá.
9. ■ Não importa.
10. ■ Não deixe isso te afetar.
11. ■ Acalme-se.
12. ■ Vai com calma.
13. ■ Felizmente não aconteceu nada.
14. ■ Ainda bem que ...
15. ■ Graças a Deus ...
16. ■ Não foi sua culpa.
17. ■ Pode contar comigo.
18. ■ Tô nessa!
19. ■ Estarei sempre a teu lado.

慰める時の表現

あなた、大丈夫？	☐ 1
あなた、本当に大丈夫？	☐ 2
まるく収まりますよ。	☐ 3
全てうまくいくよ。	☐ 4
悩みを打ち明けて。	☐ 5
物事の良い面を見ましょう。	☐ 6
心配しないで。	☐ 7
放っておきなさい。	☐ 8
気にしなくていいですよ。	☐ 9
それがあなたを傷つけませんように。	☐ 10
落ち着いて。	☐ 11
落ち着いてやってよ。	☐ 12
運がいいことに何も起きなかった。	☐ 13
～でよかったですね。	☐ 14
おかげさまで。	☐ 15
あなたのせいじゃない。	☐ 16
なんでも力になります。	☐ 17
任せて！	☐ 18
私はいつでもあなたのそばにいますよ。	☐ 19

CONSOLANDO E TENTANDO AJUDAR	
20 ∎	Coitado. / Coitadinho.
21 ∎	Precisando de ajuda, pode contar comigo.
22 ∎	Não desanime.
23 ∎	Não teve jeito.

Mini-diálogo na casa de uma amiga que se separou do esposo

A: Maria, **você está bem?**
B: Estou péssima! Eu o amava tanto! Por que ele me deixou?
A: **Não foi sua culpa. Não desanime!**
B: Muito obrigada, Pedro.

	慰める時の表現
かわいそうに。	☐ 20
手助けが必要だったら、力になるよ。	☐ 21
元気を出して。	☐ 22
仕様がなかったんだよ。	☐ 23

離婚したばかりの女友達の家で　一口会話

A: マリア、君、大丈夫？
B: 最悪！　彼をとても愛していたのに！　どうして私を捨てたのかしら？
A: 君のせいじゃないよ。元気をだして！
B: ありがとう、ペドロ。

TER QUE SAIR

1 ▪ Me desculpe, mas preciso ir agora.
2 ▪ Preciso ir, porque já é tarde.
3 ▪ Eu já o importunei bastante.
4 ▪ Nos separamos aqui, então.
5 ▪ Peço desculpas, mas eu vou ter que me ausentar.
6 ▪ Outros compromissos obrigam-me a sair mais cedo.
7 ▪ Me diga isso da próxima vez. É que tenho que sair já.
8 ▪ Não dá para ficar mais tempo.
9 ▪ Tenho que sair quanto antes.
10 ▪ Estou atrasadíssimo(a).
11 ▪ Estou em cima da minha hora.
12 ▪ Então, já estou indo.
13 ▪ Me dá licença? Preciso ir.

Mini-diálogo   numa reunião de amigos

A: Nossa, já são 5 horas! Pessoal, **preciso ir porque já é tarde.**

B: Ainda são 5 horas! Por que a pressa?

A: **Outros compromissos obrigam-me a sair mais cedo.** Tenho uma reunião na escola do meu filho!

B: Então corre! Tchau!

暇乞(いとま)いの表現

すみませんが、今お暇せねばなりません。	☐ 1
遅くなりますのでこの辺で失礼します。	☐ 2
おじゃましました。	☐ 3
ここでお別れしましょう。	☐ 4
申し訳ないけれど、行かなければなりません。	☐ 5
他の約束がありますので、早めに出ざるを得ません。	☐ 6
次の機会におっしゃってください。すぐに出なければなりません。	☐ 7
もうこれ以上いられません。	☐ 8
できるだけ早くお暇しなければなりません。	☐ 9
大変遅れています。	☐ 10
ギリギリの時間です。	☐ 11
それでは、行きますね。	☐ 12
失礼します。行かなければなりません。	☐ 13

友人達との集まり　一口会話

A: あ、もう5時だ！　ねえ皆、もう遅いのでこの辺で失礼するよ。
B: まだ5時よ。どうしてそんなに急いでいるの？
A: 他の約束があるので、早めに出ないといけないのさ。
　　息子の学校で会合があるんだ！
B: じゃあ、走って行ってね。バイバイ！

19

MANDAR SAUDAÇÕES

1. ☐ Transmita as nossas recomendações a todos da família.
2. ☐ Dê lembranças à família.
3. ☐ Mande lembranças para ...
4. ☐ Cumprimentos para ...
5. ☐ Um beijo para ...
6. ☐ Dê um beijo por mim.
7. ☐ Mande um abraço por mim.
8. ☐ Dê um alô ao ...

Mini-diálogo — depois de um jantar

A: O jantar foi maravilhoso!

B: Que bom que gostaram.

A: Então, até amanhã.

B: **Mande lembranças aos seus filhos.** Até amanhã.

好意を伝える時の表現

ご家族の皆さんによろしくお伝えください。	□ 1
ご家族によろしく。	□ 2
〜によろしく。	□ 3
〜によろしく。	□ 4
〜にキスを。	□ 5
私の変わりにキスを。	□ 6
私の変わりに抱擁を。	□ 7
〜によろしく。	□ 8

ディナーの後で　一口会話

A: 素晴らしいディナーでした。
B: お気に入りいただいてうれしいです。
A: それでは、また明日。
B: お子様たちによろしくお伝えください。それではまた明日。

AGRADECIMENTOS

1. Obrigado(a).
2. Muito obrigado(a).
3. Obrigado(a) mesmo.
4. Agradeço muitíssimo!
5. Muito obrigado(a) por tudo.
6. Muito obrigado(a) pela atenção.
7. Estou realmente muito agradecido(a).
8. Não sei o que dizer para lhe agradecer.
9. Não sei como expressar minha gratidão.
10. Estou imensamente grato(a) por você.

Mini-diálogo — no aniversário

A: Feliz Aniversário!
B: **Obrigada,** vovô!
A: Olha um presente para minha querida netinha!
B: **Obrigada mesmo,** vovô!

感謝する時の表現

ありがとう。	☐ 1
ありがとうございます。	☐ 2
本当にありがとう。	☐ 3
大変感謝しています！	☐ 4
色々と、本当にありがとうございます。	☐ 5
お心遣い、誠にありがとうございます。	☐ 6
本当に感謝しています。	☐ 7
どんな感謝の言葉を述べればよいか分かりません。	☐ 8
感謝の気持ちをどう表したらいいか分かりません。	☐ 9
あなたに大変感謝しています。	☐ 10

誕生日で 一口会話

A: お誕生日おめでとう！
B: ありがとう、おじいちゃん！
A: ほら、かわいい孫にプレゼントよ！
B: 本当にありがとう、おじいちゃん！

PARA RESPONDER AOS AGRADECIMENTOS

1. De nada.
2. Não é nada.
3. Não há de quê.
4. Sou eu que agradeço.
5. Fico satisfeito por poder ajudar.
6. Não liga.
7. O que é isso.
8. Sempre às ordens.
9. Farei tudo o que precisar com o maior prazer.

Mini-diálogo — no aniversário

A: Muito obrigada pelo presente, papai.
B: **De nada**, filhinha.
A: Achei lindo o seu presente!
B: **Não há de quê.**

感謝に対する返答

いいえ。	☐ 1
どういたしまして。	☐ 2
なんでもないですよ。	☐ 3
私の方こそ感謝します。	☐ 4
お手伝いできましたことに満足しています。	☐ 5
気にしないで。	☐ 6
何を言っているの、水臭いわね。	☐ 7
いつでもどうぞ。	☐ 8
あなたに頼まれたら喜んでなんでもしますよ。	☐ 9

誕生日で　一口会話

A: パパ、プレゼントありがとう。
B: なんでもないよ、娘よ。
A: とても素敵なプレゼントだわ！
B: どういたしまして。

PEDIR PERDÃO

1. Me desculpe.
2. Eu sinto muito.
3. Sinto muito mesmo.
4. Sinto muitíssimo por isso.
5. Peço-lhe perdão.
6. Perdoe-me, por favor.
7. Estou profundamente arrependido(a).
8. Jamais repetirei isso.
9. Fiz muito mal.
10. Sinto muito pelo incômodo.
11. Não tive a intenção de te magoar.
12. Foi sem querer.
13. A culpa foi minha.

Mini-diálogo — rompendo um noivado

A: Pedro, **me desculpe ...**
B: Por que, amor?
A: Eu amo outra pessoa. Não posso me casar com você!
B: O quê? Como assim? Mas, o nosso casamento é no mês que vem ...
A: **Eu sinto muito mesmo. Não tive a intenção de te magoar.**

謝る時の表現

ごめんなさい。	☐ 1
どうもすみません。	☐ 2
本当に申し訳ありません。	☐ 3
誠に申し訳ありません。	☐ 4
お詫びいたします。	☐ 5
どうぞお許しください。	☐ 6
とても後悔しています。	☐ 7
二度と繰り返しません。	☐ 8
とても悪いことをしました。	☐ 9
お手数をおかけしました。	☐ 10
あなたを傷つけるつもりはありませんでした。	☐ 11
故意にではありません。	☐ 12
私の責任です。	☐ 13

婚約解消　一口会話

A: ペドロ、ごめんなさい…
B: どうして、ハニー？
A: 私、他の人を愛しているの。あなたとは結婚できない！
B: 何？　どういうこと？　でも、僕たちの結婚式は来月…
A: 本当に申し訳ないわ。あなたを傷つけるつもりではなかったの。

CONCORDAR COM A OPINIÃO

1. ■ Perfeitamente isso.
2. ■ Eu também penso assim.
3. ■ Tenho a mesma opinião.
4. ■ Concordo com essa idéia.
5. ■ Acho que sim.
6. ■ Espero que sim.
7. ■ Tomara que sim.
8. ■ Suponho que sim.
9. ■ Claro! Claro que sim!
10. ■ Sem dúvida!
11. ■ Com certeza!
12. ■ Certamente!
13. ■ Isso mesmo.
14. ■ Exatamente.
15. ■ É bem assim mesmo.
16. ■ Pode acreditar.

Mini-diálogo na reunião

A: Achei ótimo o projeto. O que vocês acham?
B: **Sem dúvida! Tenho a mesma opinião**, chefe!!

意見に同意する時の表現

まったくそのとおりです。	☐	1
私もそう思います。	☐	2
私も同意見です。	☐	3
その考えには同感です。	☐	4
そう思います。	☐	5
そうだといいね。	☐	6
そうでありますように。	☐	7
たぶんそうだと思います。	☐	8
もちろんです！	☐	9
もちろん、間違いなく！	☐	10
確かに！	☐	11
確かに！	☐	12
その通りです。	☐	13
その通りですね。	☐	14
その通り。	☐	15
信じていいですよ。	☐	16

会議で **一口会話**

A: このプロジェクトは素晴らしいと思う。君たちはどう思う？
B: もちろん！　私も同意見よ、ボス！！

DISCORDAR DA OPINIÃO

1. Eu não penso assim.
2. Não tenho a mesma opinião.
3. Não concordo com essa idéia.
4. Eu discordo.
5. Acho que não é bem assim.
6. Olha, eu sou contra a sua idéia.
7. Precisamos entrar num acordo porque penso diferente.
8. A minha proposta é outra.
9. Eu acho que não.
10. Espero que não.
11. Tomara que não.
12. Claro que não!
13. Suponho que não.
14. Espere um pouco que não é assim.

Mini-diálogo — na reunião da APM

A: Vamos fazer um bazar no mês que vem. Todos devem participar.
B: **Não concordo com esta idéia.** Participa quem está disponível.
A: **Eu sou contra a sua idéia.** É um evento para as nossas crianças.
B: **Precisamos entrar num acordo porque penso diferente.**

賛同・同意しない時の表現

私はそう思いません。	☐ 1
私は同じ意見ではありません。	☐ 2
その意見には賛成できません。	☐ 3
私は反対です。	☐ 4
そうではないと思います。	☐ 5
あの、私はあなたの意見に反対です。	☐ 6
私の考えは異なるので、合意しなくてはなりません。	☐ 7
私の提案は違います。	☐ 8
そう思わない。	☐ 9
そうじゃないと思う。	☐ 10
そうじゃないと願うよ。	☐ 11
当然違います！	☐ 12
そう思いません。	☐ 13
ちょっと待ってください。そうではありませんよ。	☐ 14

PTAの集まりで　一口会話

A: 来月バザーをしましょう。全員参加でお願いします。
B: その意見には賛成できません。可能な人のみの参加でいいでしょう。
A: 私はあなたの意見に反対です。子供たちのためのイベントなんすよ。
B: 考えは異なると思うので、私たちは合意しなくてはなりませんね。

VÁRIAS FORMAS DE CONVIDAR

Formal

1. ◾ Faço questão de que esteja presente ...
2. ◾ Gostaria imensamente que comparecesse ...
3. ◾ Dava-nos imenso gosto que viesse.

Informal

1. ◾ Quando é que a gente se encontra?
2. ◾ Então é hoje que ...
3. ◾ Quando é que dá jeito?
4. ◾ O encontro pode ser amanhã?
5. ◾ Vamos sair?
6. ◾ Que tal dar uma volta?
7. ◾ O que acha de um chope?
8. ◾ Aceita uma carona?
9. ◾ Gostaria de sair comigo?

Mini-diálogo — depois da aula

A: A aula terminou cedo hoje. Tem algum compromisso agora?
B: Nada, por quê?
A: **O que acha de um chope?**
B: Boa idéia!

様々な招待の表現

フォーマル

是非ご出席いただきたく思います。	☐ 1
本当にいらっしゃることを期待しています。	☐ 2
来ていただけると本当にうれしいのですが。	☐ 3

インフォーマル

いつ会いましょうか？	☐ 1
じゃあ、今日が…	☐ 2
いつだったら大丈夫？	☐ 3
約束は明日でいいですか？	☐ 4
どこかへ行かない？	☐ 5
ドライブに行かない？	☐ 6
生ビールでもいかが？	☐ 7
乗せていこうか？	☐ 8
デートしない？	☐ 9

授業の後で　一口会話

A: 今日は授業が早く終わったね。これから何か用事ある？
B: なにもないけど、どうして？
A: 生ビールでもどう？
B: いいわねぇ！

CONVIDAR POR CONVIDAR
(o convite não é real se não tiver data)

1. ■ Um dia destes ...
2. ■ Havemos de conversar ...
3. ■ Qualquer dia ...
4. ■ Temos que combinar ...
5. ■ Ok, a gente se fala um dia.
6. ■ Temos de combinar um jantar, uma ida ao cinema, ou qualquer coisa do gênero.
7. ■ Para aí num fim de semana.
8. ■ Em outra ocasião qualquer.
9. ■ Nos vemos outro dia.
10. ■ Se tiver um tempinho, apareça em casa.

Mini-diálogo   depois da aula

A: Paula, o que vai fazer hoje à noite?
B: Nenhum programa marcado.
A: Que tal um cinema?
B: Hoje não. **Em outra ocasião qualquer,** tá? Até mais.
A: Tchau ...

社交辞令での招待

> 日にちを言わない招待は、招待ではありません

そのうち	☐ 1
またお話しましょう。	☐ 2
いつか	☐ 3
約束しましょう。	☐ 4
ＯＫ、そのうちまたお話しましょう。	☐ 5
夕食か映画か、いずれにしろ、何かご一緒しましょう。	☐ 6
いつかの週末にでも。	☐ 7
他の機会にでも。	☐ 8
またいつかお会いしましょう。	☐ 9
時間があったら、家へ遊びにいらしてください。	☐ 10

授業の後で　一口会話

A: パウラ、今晩は何をするの？
B: 特に何も計画はないわ。
A: 映画なんてどう？
B: 今日はダメ。別の機会にしましょう、いい？　じゃあ、またね。
A: バイバイ…

🔘 ACEITAR UM CONVITE

1 ◼ Sim, com prazer.

2 ◼ Eu te acompanho.

3 ◼ Por favor.

4 ◼ Boa idéia!

5 ◼ Gostei da idéia!

6 ◼ Claro, vamos sim!

7 ◼ Que legal!

8 ◼ Tudo bem!

9 ◼ Aceito, sim.

10 ◼ Muito obrigado(a) pelo convite.

Mini-diálogo   com os amigos

A: Domingo vou fazer um churrasco em casa. Vocês vêm?

B: **Claro, vamos sim!   Muito obrigado pelo convite.**

招待に応じる表現

ええ、喜んで。	☐ 1
お供させていただきます。	☐ 2
お願いします。	☐ 3
名案！	☐ 4
その考え気に入ったわ。	☐ 5
もちろん、行きましょう。	☐ 6
素敵ね。	☐ 7
いいよ。	☐ 8
はい、受けます。	☐ 9
ご招待、誠にありがとうございます。	☐ 10

友人達と 一口会話

A: 日曜日、家でシュラスコパーティーをします。皆さん、来ますか？
B: もちろん、私たちは行きます！ 招待してくれて、本当にありがとう。

RECUSAR UM CONVITE [CD-25]

Formal

1. ☐ Lamento mas não vai ser possível ...
2. ☐ Terá que ficar para outra oportunidade ...
3. ☐ Se pudesse ficar para ...
4. ☐ Na próxima oportunidade irei com certeza.
5. ☐ Infelizmente, tenho um compromisso.
6. ☐ Infelizmente não poderei ir.
7. ☐ Me desculpe, não posso ...
8. ☐ Sinto muito, mas eu prefiro ...
9. ☐ Lamento ter que recusar.
10. ☐ Sinto muitíssimo em não poder aceitar o convite.

Mini-diálogo com o chefe [CD-26]

A: Domingo vou fazer um churrasco em casa. Você está convidada, Mari.

B: **Sinto muitíssimo em não poder aceitar o convite. Na próxima oportunidade irei com certeza.**

招待を断わる表現

フォーマル

残念ながら、ちょっと無理です。	☐ 1
他の機会にしなければなりません。	☐ 2
出来れば～に延ばしていたければ。	☐ 3
次の機会にぜひそうさせていただきます。	☐ 4
先約がありますので。	☐ 5
残念ながら参れません。	☐ 6
残念ながら無理です。	☐ 7
申し訳ないけれど、～の方がいいですね。	☐ 8
お断わりするのは心苦しいのですが。	☐ 9
大変申し訳ないのですが、招待をお受けできないのです。	☐ 10

上司と 一口会話

A: 日曜日、家でシュラスコパーティーをします。マリ、招待するよ。

B: 大変申し訳ないのですが、招待をお受けできないのです。次の機会にはぜひ伺わせていただきます。

RECUSAR UM CONVITE

Informal

1. ☐ Hoje não dá jeito.
2. ☐ E se for para a semana?
3. ☐ Convinha-me mais noutra altura.
4. ☐ Não. Assim não ...
5. ☐ Estou satisfeito(a), obrigado(a).
6. ☐ Estou satisfeito(a) com isso.
7. ☐ Não tem idéia melhor?
8. ☐ Deixa para outra ocasião ...
9. ☐ Acho que não vai dar.
10. ☐ Não acho que seja uma boa idéia.

Mini-diálogo no telefone

CD-27

A: Mari, meu amor. Quero muito te ver. Vamos sair hoje?

B: Ah, **hoje não dá jeito.**

A: E amanhã?

B: Olha, **acho que não vai dar.**

A: E depois de amanhã?

B: **Deixa para outra ocasião**, tá. Preciso desligar. Tchau.

招待を断わる表現

インフォーマル

今日は無理です。	☐ 1
来週ではどうですか？	☐ 2
他の機会のほうが都合がいいのですが。	☐ 3
いいえ、それではダメです。	☐ 4
もう充分満足しています。結構です。	☐ 5
私はこれに満足しているのです。	☐ 6
他にいい考えはありませんか？	☐ 7
またの機会にしましょう。	☐ 8
無理だと思います。	☐ 9
あまりよい考えだとは思いません。	☐ 10

電話で　一口会話

A: 愛しいマリ。とっても会いたいんだ。今日デートしようよ。
B: あら、今日は無理よ。
A: それでは、明日は？
B: あのね、無理だと思う。
A: じゃあ、あさっては？
B: またの機会にしましょう。いい。もう切らなくちゃ。じゃあね。

INICIAR UMA CONVERSA/ ABORDAR UM DESCONHECIDO

[CD-28]

1. ■ Por acaso, ...
2. ■ Sabe-me dizer se ...
3. ■ Sabe-nos informar se ...
4. ■ Importa-se?
5. ■ Será que ...
6. ■ Eu gostaria de fazer uma pergunta ...
7. ■ Me desculpe,
8. ■ Me desculpe o incômodo ...
9. ■ Ei, por favor.
10. ■ O senhor pode dizer ...
11. ■ A senhora sabe ...
12. ■ Pode dizer-me as horas, por favor?
13. ■ Desculpe, por acaso tem horas?

Mini-diálogo na fila do banco

[CD-29]

A: **Me desculpe o incômodo ... Pode dizer-me as horas, por favor?**
B: São 11 e 50.
A: Nossa, já está quase na hora do almoço.

会話を始める時の表現 / 見知らぬ人を呼びかける時の表現

あの、もしかして。	☐ 1
私に教えていただけませんか。	☐ 2
我々に教えていただけませんか。	☐ 3
かまいませんか？	☐ 4
あの、	☐ 5
ちょっとお伺いしますが。	☐ 6
すみませんが、	☐ 7
失礼ですが、	☐ 8
あのう、すみません	☐ 9
（男性への呼びかけ）教えていただけますか。	☐ 10
（女性への呼びかけ）ご存知でしょうか。	☐ 11
時間を教えていただけませんか？　お願いします。	☐ 12
すみませんが、時計をお持ちですか？	☐ 13

銀行の列で　一口会話

A: 失礼ですが…　時間を教えていただけますか？　お願いします。
B: 11時50分です。
A: まあ、もうほとんどお昼の時間ですね。

VERIFICAR A ATENÇÃO DO INTERLOCUTOR / PRESTAR ATENÇÃO

Apanhado pensando em outra coisa ...

1. ■ Desculpe, não ouvi a última parte.
2. ■ Desculpe, estava distraído(a).
3. ■ Desculpa, estava noutra!
4. ■ Como disse?
5. ■ Estava a dizer que ...
6. ■ Não percebi, desculpe.
7. ■ Estou com alguma dificuldade em manter-me atento(a).
8. ■ Me desculpe, estava na lua.

Mini-diálogo com a namorada

A: E então, meu pai disse que não, e ... Ei, Rogério, está me ouvindo?
B: **Desculpe, estava distraído.** O que foi que você disse?

聞き手の注意を引く / 注意を払う表現

別の事を考えていた時

すみませんが、最後の部分を聞き逃しました。	☐ 1
すみませんが、ぼんやりしていました。	☐ 2
すみませんが、ほかの事を考えていました。	☐ 3
今何とおっしゃいましたか？	☐ 4
先ほどおっしゃっていたのは、	☐ 5
気がつきませんでした、すみません。	☐ 6
集中するのが容易ではないのです。	☐ 7
すみませんが、ぼんやりしていました。	☐ 8

恋人と　一口会話

A: それで、私の父がだめだと言ってね。ねえ、ホジェリオ、聞いている？
B: ごめん、ぼんやりしていた。何て言ったっけ？

VERIFICAR A ATENÇÃO DO INTERLOCUTOR / PRESTAR ATENÇÃO

Verificar a atenção do interlocutor

1. ■ Ouviu o que eu disse?
2. ■ Fui claro(a)? Está claro?
3. ■ É/será difícil de perceber?
4. ■ Fiz-me entender?
5. ■ Não há qualquer dúvida?
6. ■ Eu estou falando para as paredes?
7. ■ Eu estou falando para algum boneco?

Mini-diálogo   na sala de aula

CD-32

A: Então, vou terminar a aula de hoje. Vocês têm alguma dúvida?
B: Ahnnn ...
A: **Eu estou falando para as paredes? Não há qualquer dúvida?**

聞き手の注意を引く / 注意を払う表現

聞き手の注意を引く

私が話したことを聞きましたか？	☐ 1
私の言ったことが分かりましたか？	☐ 2
理解するのは難しいですか？	☐ 3
私の言ったこと理解できましたか？	☐ 4
疑問はありませんか？	☐ 5
私は壁に向かって話しているのでしょうか？	☐ 6
私は人形に向かって話しているのでしょうか？	☐ 7

馬耳東風、糠に釘

授業で　一口会話

A: それでは、今日の授業を終わります。君たち、何か疑問がありますか？
B: えーっと。
A: 私は壁に向かって話しているのかな？　疑問はありませんか？

ELOGIANDO [CD-33]

1. É uma boa.
2. Ótimo!
3. Bem lembrado.
4. Gostei do teu vestido.
5. Você está bonita.
6. Você conseguiu!
7. São e salvo!
8. Bom trabalho!
9. Ele está se saindo bem.
10. Adorei.

Mini-diálogo — na festa [CD-34]

A: Que festa maravilhosa, Rui! Obrigada pelo convite!
B: Oi Joana! **Você está bonita! Gostei do teu vestido.** Aproveite a festa!

ほめる時の表現

いいねえ。	☐ 1
最高！	☐ 2
いい指摘だね。	☐ 3
あなたのドレス、気に入ったわ。	☐ 4
とてもきれいよ。	☐ 5
できたじゃないの！	☐ 6
無事でよかったわ！	☐ 7
頑張ったわね！	☐ 8
彼はよく頑張っているね。	☐ 9
とても気に入ったわ。	☐ 10

パーティーで　一口会話

A: フイ、なんて素敵なパーティー！　招待してくださって本当にありがとう！
B: やあ、ジョアナ！　きれいだね！　そのドレス、気に入ったよ。パーティーを楽しんで！

CD-35 CONGRATULAR (-SE)

1. Meus parabéns!
2. Que bom!
3. Dou-lhe os meus sinceros parabéns!
4. Fico muito contente por você.
5. Fico muito feliz por você.
6. Você está de parabéns!
7. Dar os parabéns a ...
8. Você merece depois de tudo que passou.
9. Você esteve ótimo!
10. Estou muito orgulhoso(a) de você.

Mini-diálogo na cerimônia de formatura

CD-36

A: **Meus parabéns!**
B: Obrigado, mãe.
A: **Estou muito orgulhosa de você.**

祝意を表す表現

おめでとう。	☐ 1
よかったですね。	☐ 2
心からおめでとうを言わせていただきます。	☐ 3
あなたのためにとても喜んでいます。	☐ 4
あなたのためにとても喜んでいます。	☐ 5
すばらしいわ。	☐ 6
〜におめでとうと伝えてください。	☐ 7
苦労した甲斐がありましたね。	☐ 8
あなたはすばらしかった。	☐ 9
あなたを誇りに思っています。	☐ 10

卒業式で　一口会話

A: おめでとう！
B: 母さん、ありがとう。
A: あなたをとても誇りに思っているわ。

CD-37 RECLAMANDO E EXIGINDO

1. ▪ O que há contigo?
2. ▪ Do que você está reclamando?!
3. ▪ Qual é a lógica disso?
4. ▪ O que é que você quer dizer com isso?!
5. ▪ Isso não faz (nenhum) sentido!
6. ▪ Seja objetivo.
7. ▪ Não me incomode!
8. ▪ Não enche o meu saco!
9. ▪ Poderia me deixar fora disso?
10. ▪ Me deixe em paz!
11. ▪ Vê se larga do meu pé!
12. ▪ Deixe-me ir.
13. ▪ Que besteira!
14. ▪ Tenha santa paciência!
15. ▪ Brincadeira!
16. ▪ Pode parar com isso!
17. ▪ Me dá um tempo!
18. ▪ Que sacanagem!
19. ▪ Que golpe sujo!

不平を言う / 要求する時の表現

あなた、一体どうしたの？	☐ 1
何を文句言っているの？!	☐ 2
何が言いたいの？	☐ 3
それで、何を言おうとしているの？!	☐ 4
まったく意味不明だわ！	☐ 5
はっきり言って。	☐ 6
邪魔しないで！	☐ 7
イライラさせないで！	☐ 8
私を巻き込まないでくれる？	☐ 9
私を放っといて！ / そっとしておいておくれ。	☐ 10
おせっかい焼かないで！	☐ 11
行かせて。	☐ 12
バカなことを！	☐ 13
ちょっと、いい加減にして！	☐ 14
冗談よ！	☐ 15
今すぐやめて！	☐ 16
いい加減にしろ！	☐ 17
なんてひどいことを！	☐ 18
なんて悪質な！	☐ 19

RECLAMANDO E EXIGINDO

20 ■ Que azar!
21 ■ Não tire conclusões precipitadas.
22 ■ Por que você está assim?
23 ■ Nós precisamos conversar.

Mini-diálogo — com o namorado

CD-38

A: Com quem você saiu ontem? Eu liguei às 10 e você não estava.
B: **Que besteira!** Não é nada do que você está pensando.
A: Com quem você saiu?
B: **Não tire conclusões precipitadas,** tá? Estava na casa da minha avó.

不平を言う / 要求するときの表現	
ついてない！	☐ 20
結論を急がないで。	☐ 21
一体どうしたの？	☐ 22
私たち、話し合わなくてはなりませんね。	☐ 23

恋人と　一口会話

A: 昨日、誰と出かけたの？　10時に電話したらいなかったじゃないか。
B: バカなことを！　あなたが考えていることじゃないわよ。
A: 誰と出かけたんだ？
B: 結論を急がないでよ、いい？　おばあちゃんの家にいたの。

DEMONSTRAR INTERESSE/ MUITO INTERESSE

CD-39 Com surpresa

1. ☐ Sério?
2. ☐ É mesmo verdade?
3. ☐ De certeza?
4. ☐ Que bom!
5. ☐ Que maravilha!
6. ☐ Não é possível!
7. ☐ Não acredito!
8. ☐ Não posso!
9. ☐ Incrível!
10. ☐ Está brincando!
11. ☐ Que pena!
12. ☐ Lamento muito mesmo!
13. ☐ Que horror!
14. ☐ Que chatice!
15. ☐ Que estupidez!

Mini-diálogo   no aniversário

CD-40

A: Meus parabéns! É um presente que escolhi especialmente pra você!
B: **Que maravilha!** Adorei!!

関心を示す表現 / 大変関心が高い様子

驚き

まじめな話？	☐ 1
本当に？	☐ 2
確信があるの？	☐ 3
いいですねえ！	☐ 4
すばらしい！	☐ 5
不可能よ！	☐ 6
信じられない！	☐ 7
できない！	☐ 8
驚異的ね！	☐ 9
冗談でしょう！	☐ 10
残念ね！	☐ 11
とても残念に思う！	☐ 12
なんてひどい！	☐ 13
なんてつまらない！	☐ 14
なんてバカなことを！	☐ 15

誕生パーティーで　一口会話

A: おめでとう！　あなたのために特別に選んだプレゼントよ！
B: すばらしいね！　とても気に入ったよ！！

DEMONSTRAR INTERESSE/MUITO INTERESSE

CD-41 Com dúvida ou desaprovação

1. ■ De modo nenhum.
2. ■ De forma nenhuma.
3. ■ Não estás lá muito bem, não ...
4. ■ Não é a sério, pois não?
5. ■ Era só o que me faltava!
6. ■ Não pode ser verdade!
7. ■ Assim não!
8. ■ Eu não penso assim.
9. ■ Eu discordo dessa idéia.
10. ■ Não vai me dizer que fala sério, hein?
11. ■ Não acredito!

Mini-diálogo   na reunião

CD-42

A: Teremos que demitir metade de nossos funcionários.
B: **Não é a sério, pois não? Eu discordo dessa idéia!**
A: Já está decidido.

関心を示す表現/大変関心が高い様子

疑問もしくは否認（容認しない）

まったくもってダメ。	☐ 1
絶対ダメ。	☐ 2
あまりいいことではない。	☐ 3
本気じゃないでしょう？	☐ 4
何を言い出すのか！	☐ 5
嘘に決まっている！	☐ 6
それじゃあ、ダメ！	☐ 7
私にはそうは思えません。	☐ 8
その意見には反対です。	☐ 9
本気だと言うつもりじゃないでしょうね？	☐ 10
信じられない！	☐ 11

会議で　**一口会話**

A: 社員を半数に減らさなければなりません。
B: **本気じゃないでしょう？**　**私はその意見に反対です！**
A: もう決まったことだ。

DESINTERESSE OU DESCONSIDERANDO

CD-43

Com ironia

1. ◼ Sei lá.
2. ◼ Não faço idéia.
3. ◼ Por que saberia?
4. ◼ Eu não ligo.
5. ◼ Não me faça(m) rir!
6. ◼ Estou para ver!
7. ◼ Vai tudo dar ao mesmo.
8. ◼ Tanto faz.
9. ◼ A mim é-me indiferente.
10. ◼ Talvez ... Pode ser que sim.
11. ◼ Talvez ... Pode ser que não.
12. ◼ Talvez ... Pode ser que seja.
13. ◼ Até pode ser que sim!
14. ◼ Nem por isso ... Para mim é igual.
15. ◼ Eu não me ofendo com isso.
16. ◼ Deixa prá lá.
17. ◼ Não ligo para isso.
18. ◼ Esquece.

無関心を示す表現

皮肉を込めて

知ったことじゃない。	☐ 1
考えつかないよ。	☐ 2
どうして私が知っていると思う？	☐ 3
私は気にしない。	☐ 4
笑わせないで！	☐ 5
どうなるか見ることにしましょう。	☐ 6
何をしようと同じことよ。	☐ 7
どちらでも。	☐ 8
私にはどうでもいいですよ。	☐ 9
もしかすると、そうかもしれません。	☐ 10
もしかすると、そうではないかもしれません。	☐ 11
もしかすると、そうかも。	☐ 12
そうかもしれませんね。	☐ 13
だからと言って、私には変わりはないわ。	☐ 14
そんなことでは私は傷つかないよ。	☐ 15
放っておけば。	☐ 16
私はそういうことを気にしないの。	☐ 17
忘れなさい。	☐ 18

| DESINTERESSE OU DESCONSIDERANDO |

19 ■ Grande coisa!

20 ■ Não estou interessado.

21 ■ Faça o que quiser.

Mini-diálogo — com o irmão

[CD-44]

A: Mano, é verdade que você terminou com a Júlia?

B: Isso mesmo.

A: Será que ela já está com outro namorado?

B: **Por que saberia? Não faço idéia.**

	無関心を示す表現
大げさな！	☐ 19
興味がありません。	☐ 20
好きにすれば。	☐ 21

兄弟と 一口会話

A: お兄ちゃん、ジュリアと別れたって本当？
B: その通りだよ。
A: 彼女はもう他の恋人がいるのかしら？
B: どうして俺が知っているんだ？　考えつかないよ。

`CD-45` MUITO DESINTERESSE

1. ■ E eu com isso?
2. ■ Não ligo para isso.
3. ■ Não estou nem aí!
4. ■ Não dou a mínima.
5. ■ E daí?
6. ■ Não importa.
7. ■ Eu não me importo.
8. ■ Tá bem. E depois?
9. ■ Não sei, não quero saber e tenho raiva de quem sabe.
10. ■ Quero lá saber!
11. ■ O que é que eu tenho a ver com isso?
12. ■ Nem quero saber do assunto.
13. ■ Para mim, tanto faz como tanto fez.
14. ■ Está-se mesmo a ver! São sete cães a um osso!
15. ■ Se calhar nem vale a pena esperar ...

Mini-diálogo em casa

`CD-46`
A: Pedro, filho, por que não está estudando? Amanhã não é prova?
B: É sim. **E daí?**
A: Vai estudar! Não quero ver nota vermelha, hein.
B: **Não estou nem aí** para os estudos, mãe.

まったく無関心を装う表現

それがどうした？	☐ 1
そんなことには興味ない。	☐ 2
まったく興味ない！	☐ 3
私にはまったく関係ない。	☐ 4
それがどうした？	☐ 5
関係ない。	☐ 6
私は気にしていません。	☐ 7
分かった。それで？	☐ 8
知らないし、知りたくもない。	☐ 9
まったく興味もない。	☐ 10
私に何の関係があるの？	☐ 11
それについては知りたくもない。	☐ 12
私には別にどちらでもいい。	☐ 13
疑問に思うわ。競争が激しいじゃない。	☐ 14
もしかすると、待つ甲斐もない。	☐ 15

家で 一口会話

A: ペドロ、どうして勉強していないの？ 明日試験じゃないの？
B: そうだよ。**それがどうした？**
A: 勉強しなさい！ 赤点なんて見たくないわよ。
B: 母さん、**まったく興味ないよ**、勉強なんて。

EVITAR RESPONDER DIRETAMENTE/ SER EVASIVO

Manter uma posição sutil ao discordar com a opinião do falante

1. Acha que sim?
2. Você acha mesmo isso?
3. As coisas não são assim tão fáceis.
4. É um pouco difícil de dizer.
5. Não será necessário exagerar.
6. Ainda há tanta coisa para fazer.
7. Para dizer a verdade, não sei se será ...
8. Nem tudo que reluz é ouro.
9. Nem tudo o que parece é.

Mini-diálogo na reunião

A: Devemos cortar as verbas da seção educacional.
B: **As coisas não são assim tão fáceis.**
A: Por quê? É a única opção que temos.
B: **Você acha mesmo isso?**

即答を避ける / 曖昧にする表現

話し手と意見が合わない時に、中立的な立場を取る

そう思う？	□ 1
あなたは本当にそう思っているんですか？	□ 2
物事はそう単純じゃない。	□ 3
説明するのがちょっと難しいんだけど。	□ 4
大げさにしなくても。	□ 5
まだすることがたくさんあって。	□ 6
本当のことを言うと、それがよいことだとは。	□ 7
光るものが全て黄金だというわけではない。	□ 8
目に見えるものがそうだとは限らない。	□ 9

会議で　**一口会話**

A: 教育部門の予算をカットしなければなりません。
B: 物事はそう単純じゃありませんよ。
A: なぜですか？　我々の唯一の選択肢ですよ。
B: 本当にそう思ってらっしゃるんですか？

EVITAR RESPONDER DIRETAMENTE/ SER EVASIVO

CD-49

Para não dizer não ou evitar a rudeza de dizer um não

1. Vamos ver o que se pode fazer.
2. Vou pensar nisso.
3. É bom dar tempo ao tempo.
4. O tempo é bom conselheiro.
5. Dê-me tempo para refletir.
6. Pode ser.
7. Eu fico devendo.
8. Fica para a próxima.
9. Se der.
10. Vamos ver.
11. Quem sabe numa outra oportunidade.

Mini-diálogo na faculdade

CD-50

A: Jorge, vamos pegar um cineminha hoje?
B: Desculpa, **fica para a próxima**.

即答を避ける/曖昧にする表現

不快感を与える拒絶の表現を避けるために

何ができるかみてみましょう。	☐ 1
考えてみます。	☐ 2
時間を置いた方が良い。	☐ 3
時が解決してくれます。	☐ 4
考える時間をください。	☐ 5
そうかも知れませんね。	☐ 6
借りができました。	☐ 7
次の機会に。	☐ 8
できれば。	☐ 9
考えてみましょう。	☐ 10
他の機会でしたら、いいかも知れませんね。	☐ 11

大学で — 一口会話

A: ジョルジ、今日映画に行かない？
B: ごめん、また次の機会に。

ESCLARECER AFIRMAÇÕES E ATITUDES

[CD-51]

Constatar algo que não está correto ou perceptível

1. ■ Creio que há algo (alguma coisa) que não está bem.
2. ■ (Só) há uma coisa que eu não entendo.
3. ■ Há aqui qualquer coisa que eu não percebo.
4. ■ Acho que tem algo errado.
5. ■ Será que está tudo certo?
6. ■ Sinto que está muito estranho.
7. ■ Para mim, neste mato tem cachorro.

Mini-diálogo com o namorado

[CD-52]

A: Liguei ontem às 10, Pedro. Onde você estava?
B: Ah, dormi cedo. Nem escutei o telefone.
A: A sua mãe disse que você saiu. **Sinto que está muito estranho.**

主張や態度を明確にする表現

正しくないことが気になる

何か変だと思うのですが。	☐ 1
理解できないことがあるのですが…	☐ 2
私が気づいていないことが何かある。	☐ 3
なにかおかしいことがあると思う。	☐ 4
全て順調でしょうか？	☐ 5
何だかとても変だと思うのですが。	☐ 6
この藪には犬が隠れていると思います。	☐ 7

> 陰謀が企てられている。
> 隠された意図がある

恋人と 一口会話

A: 昨日10時に電話したのよ、ペドロ。どこにいたの？
B: ああ、早く寝たんだよ。電話が聞こえなかったんだ。
A: お母さんはあなたが出かけたと言っていたわ。何だかとても変だと思うわ。

DISSIPAR MAL-ENTENDIDOS

CD-53

1. ☐ Não fiz por mal.
2. ☐ Não foi de propósito.
3. ☐ Não queria magoar.
4. ☐ Não era essa a idéia.
5. ☐ Não era bem isso.
6. ☐ Deixa-me explicar melhor.
7. ☐ Por outras palavras.
8. ☐ Não se zangue que eu explico (melhor).
9. ☐ Eu não disse nada disso.
10. ☐ Desculpe, estávamos falando de outra coisa.
11. ☐ Vamos lá com calma.
12. ☐ Não misture alhos com bugalhos.
13. ☐ Não faça tempestade em copo d'água.
14. ☐ Eu estava só brincando.

Mini-diálogo — no telefone

CD-54

A: Leo, ouvi da Joana que você saiu com a Clara ontem. Seu cachorro!

B: Paula, **vamos lá com calma. Não faça tempestade em copo d'água.** Nós só conversamos um pouco.

誤解を解く表現

悪気があってしたんじゃありません。	☐	1
故意ではありません。	☐	2
傷つけるつもりじゃなかった。	☐	3
そんな考えじゃなかった。	☐	4
そうじゃない。	☐	5
きちんと私に説明させて。	☐	6
言い換えると、	☐	7
怒らないで、説明するから。	☐	8
そんなことは言ってない。	☐	9
ごめん、違う話をしていたんだ。	☐	10
落ち着いて。	☐	11
勘違いしないで。	☐	12
水の入ったコップの中で嵐を起こさないで。（大げさに考えないで。／針小棒大）	☐	13
冗談だよ。	☐	14

電話で　一口会話

A: レオ、昨日ジョアナからクララとデートしたって聞いたわよ。ひどい男ね！

B: パウラ、落ち着いて。大袈裟に考えないで（コップの中で嵐を起こさないで）。ちょっと話しただけだよ。

EXPRESSAR PENSAMENTOS E SENTIMENTOS

[CD-55]

Justificação

1	Foi o que me veio à cabeça.
2	A idéia era outra, eu é que não consigo me explicar.
3	Estamos confundindo as coisas.
4	Não é minha culpa, eu fiz o melhor que pude.
5	Não era isso que eu realmente estava pensando em fazer.
6	Acho que não consegui fazer o que realmente queria.

Mini-diálogo com o chefe

[CD-56]

A: Por que o projeto está parado há 2 meses?

B: Os trabalhadores locais querem aumento e fizeram greve.

A: Você é o responsável! Deveria fazer algo para resolver a situação!

B: Chefe, **não é minha culpa, eu fiz o melhor que pude.**

誤解を解く表現

釈明

頭に浮かんだことです。	☐ 1
本当に思っていることとは違います。	☐ 2
勘違いしている。	☐ 3
最善を尽くしたので、私の責任ではない。	☐ 4
私が本当にしようと思っていたことではない。	☐ 5
私が実際にしたかったことはできなかったようです。	☐ 6

女性上司と 一口会話

A: このプロジェクトはなぜ2カ月もストップしたままなの？
B: 従業員たちは昇給を要求し、ストを起こしたのです。
A: あなたは責任者よ！ 問題解決のために何かすべきじゃないの！
B: ボス、私は最善を尽くしたので、私の責任ではありませんよ。

CRITICANDO E REPREENDENDO

1. ■ Isso não é da tua conta.
2. ■ Não se meta nisso.
3. ■ Não meta o nariz onde não é chamado!
4. ■ Cale a boca!
5. ■ Não agüento mais isto.
6. ■ Páre com isso!
7. ■ Chega! Basta!
8. ■ Caia fora daqui agora!
9. ■ Que feio!
10. ■ Tenha vergonha na cara!
11. ■ Veja como fala comigo!
12. ■ Que decepção!
13. ■ Fiquei decepcionado(a) com você!
14. ■ Por que você fez aquilo?
15. ■ Que nojo!
16. ■ Estou por aqui com você!
17. ■ Isto não fica bem.
18. ■ Não acho graça nisso.
19. ■ Isso não é justo.

叱る・非難する時の表現

あなたには関係ない。	☐ 1
話に入ってこないで。	☐ 2
関係ないことに首を突っ込まないで！	☐ 3
うるさい、静かにしろ！	☐ 4
もう我慢できない。	☐ 5
やめて！	☐ 6
もう結構！	☐ 7
いますぐここから出て行け！	☐ 8
恥ずかしいと思いなさい！	☐ 9
恥を知りなさい！	☐ 10
私に向かってなんて言い草なの！	☐ 11
失望したよ！	☐ 12
あなたにはがっかりしたよ！	☐ 13
なぜああいうことをしたの？	☐ 14
むかつきます！	☐ 15
あなたにはうんざり！	☐ 16
それはよくない。	☐ 17
何も面白くないわ。	☐ 18
不公平よ。	☐ 19

CRITICANDO E REPREENDENDO

20 ■ Está me achando com cara de bobo(a)?
21 ■ Eu me sinto prejudicado(a).
22 ■ Não tenho nada para lhe agradecer.
23 ■ Fui enganado(a).
24 ■ Fui injustamente acusado(a).

Mini-diálogo em casa

CD-58

A: Carlos, vai limpar o seu quarto!

B: Ah, mãe, não enche.

A: **Veja como fala comigo!** Para o quarto agora!!!

	叱る・非難する時の表現

私はバカみたいに見える？	☐ 20
なんだか騙されたように感じる。	☐ 21
感謝することなど何もない。	☐ 22
私は騙されていたの。	☐ 23
私への非難は的外れよ。	☐ 24

家で **一口会話**

A: カルロス、あなたの部屋を片付けなさい！
B: あ～あ、母さん、つまらないことを言うなよ。
A: 私に向かって、何を言っているの！　今すぐ部屋に行きなさい！！！

DEMONSTRAR SURPRESA
[CD-59]

1. Adivinha!
2. É mesmo!?
3. Não me diga!
4. Não acredito!
5. Está brincando!
6. Fiquei de boca aberta.
7. Fiquei de queixo caído.
8. Levei um susto.
9. Foi uma grande surpresa.
10. Você está falando sério?
11. Prá quê!?
12. Poxa, que surpresa!
13. Mas que barbaridade!
14. Meu Deus!
15. Minha nossa!

Mini-diálogo   em casa
[CD-60]

A: Querida, cheguei. Tenho uma surpresa pra você.
B: Oi amor. O que é?
A: Fui promovido e vou ser o responsável da filial na França!
B: **Poxa, que surpresa!** Meus parabéns querido!

驚きを表す表現

当ててみて！	☐	1
マジ!?	☐	2
なんてこと！	☐	3
信じられない！	☐	4
冗談でしょう！	☐	5
空いた口がふさがらなかったわ。	☐	6
ちょっと一回りしてこない？	☐	7
びっくりした。	☐	8
とても驚いた。	☐	9
本気で言っているの？	☐	10
何のために!?	☐	11
まあ、驚いた！	☐	12
なんてこと！	☐	13
神様！	☐	14
どうしましょう！	☐	15

家で　一口会話

A: ハニー、帰ったよ。君にびっくりする話があるんだよ。
B: あら、あなた。何なの？
A: 昇進して、フランス支店の責任者になるんだ！
B: まあ、**驚いた**！　おめでとう、あなた！

PROCESSOS PARA ACABAR A CONVERSA

1. ■ Se importa de me deixar só?
2. ■ Se importa de sair, por favor?
3. ■ Gostaria de não ser incomodado.
4. ■ Noutro dia poderemos conversar com mais calma ...
5. ■ O tempo de que disponho é muito pouco ...
6. ■ Não quero ouvir falar mais nisso ...
7. ■ Por que não vai dar uma volta?
8. ■ Vai ver se chove!
9. ■ Vai tomar banho!
10. ■ Ah! desculpa mas agora não vai dar.
11. ■ Eu gostaria de ficar aqui mais tempo, mas não posso.
12. ■ Eu tenho que ir.
13. ■ A gente conversa mais tarde.
14. ■ Então, é isso aí.
15. ■ Acho que por hoje é só.

Mini-diálogo na sala do chefe

A: Chefe, o Sr. Tadeu chegou. Posso mandar entrar?
B: Claro, Ana. Bom, Jorge, **acho que por hoje é só. A gente conversa amanhã.**

会話を終わらせる表現

一人にしてくれる？	☐ 1
ちょっと席を外していただけませんか？	☐ 2
邪魔されたくありません。	☐ 3
いつかまたゆっくりお話しましょう。	☐ 4
時間がほとんどなくて、	☐ 5
それについてはもう聞きたくありません。	☐ 6
ちょっと一回りしてこない？	☐ 7
私を煩わせないで！	☐ 8
地獄に落ちろ！	☐ 9
悪いけど、今はダメ。	☐ 10
もう少しいたいけれど、ダメなの。	☐ 11
行かなければならない。	☐ 12
また後で話そう。	☐ 13
じゃ、そういうことで。	☐ 14
今日はこの辺で。	☐ 15

上司の部屋で 一口会話

A: ボス、タデウ様がお見えです。お通ししてよろしいでしょうか？
B: もちろんだよ、アーナ。さて、ジョルジ、今日はこの辺で。また明日話そう。

INSULTANDO OU PRAGUEJANDO

[CD-63]

1. Seu burro!
2. Bem feito!
3. Essa não cola!
4. Era só o que faltava ...!
5. Que saco!
6. Que droga!
7. Vai pro inferno!
8. Isto me deixa "P" da vida!
9. Isso me deixa louco(a)!
10. Não discute!
11. Você não pensa?
12. Eu não disse?
13. Só você pra fazer isso!
14. Estou de saco cheio com você!

Mini-diálogo — no supermercado

[CD-64]

A: Lucas, não corre dentro da loja!

Tuuuummmm ...

B: Cuidado, menino, não pode correr aqui dentro!

A: Lucas! **Eu não disse? Só você pra fazer isso!**

侮辱する・罵る時の表現

このバカ！	☐	1
ざまあみろ！	☐	2
それは通用しない！	☐	3
まったく、まだ足りないと言うの！	☐	4
ああ、もうっ！	☐	5
畜生！	☐	6
くそっ！ 地獄に落ちろ！	☐	7
本当に腹が立つ！	☐	8
頭がどうかなりそう。	☐	9
文句を言うな。	☐	10
あなたは考えないの？	☐	11
だから言ったでしょう？	☐	12
そんなバカなことをするなんて、あなただけよ。	☐	13
あなたにはうんざりよ。	☐	14

スーパーで 一口会話

A: ルーカス、店の中で走らないで！
ドーン…
B: 危ないよ、坊や。この中では走っちゃダメだよ！
A: ルーカス！ だから言ったでしょう？ そんな（バカな）ことをするのはあなただけよ！

INTERROMPER ALGUÉM E TOMAR A PALAVRA

1. Desculpe, mas não é (exatamente) assim.
2. Deixe-me acrescentar que ...
3. Será que posso ainda dizer uma coisa mais ...
4. Lamento interromper mas ...
5. Eu gostaria de dizer só mais uma palavrinha ...
6. Eu gostaria de continuar ...
7. Se me dá licença ...
8. Se me permite eu gostaria de ...
9. Desculpe, ainda não acabei.
10. Permita que acabe a minha exposição.
11. Será que posso continuar?
12. Deixem-me falar.
13. Não me interrompam a toda a hora!
14. Deixa-me falar que eu ainda não acabei.
15. Desculpe interrompê-lo mas olhe que ele se ...
16. O senhor sabe o que disse?
17. Só aqui entre nós, ele andava aflito porque ...
18. Deixe-me falar.
19. Cale-se. Primeiro falo eu.

人の言葉をさえぎる表現

申し訳ありませんが、（正確には）そうではありません。	☐ 1
付け加えさせてください。	☐ 2
もう一つだけお話したいことがあるのですが、	☐ 3
中断させて申し訳ないのですが、	☐ 4
あと一言だけ言いたいことがあるのですが、	☐ 5
続けさせていただきたいのですが、	☐ 6
お許し願えるのでしたら、	☐ 7
よろしけば、〜したいのですが、	☐ 8
申し訳ないのですが、まだ終わっていません。	☐ 9
私の意見を最後まで言わせてください。	☐ 10
続けてもよろしいでしょうか？	☐ 11
私に話をさせてください。	☐ 12
しょっちゅう口を挟まないでください。	☐ 13
話がまだ終わっていませんので、話させてください。	☐ 14
中断させて申し訳ないのですが、彼が〜	☐ 15
何を言ったのかお分かりになりますか？	☐ 16
ここだけの話ですが、彼は、〜でやきもきしていたんですよ。	☐ 17
話をさせてください。	☐ 18
お静かに。まずは私から。	☐ 19

| INTERROMPER ALGUÉM E TOMAR A PALAVRA |

20 ■	Como eu ia dizendo,
21 ■	Mas isso não faz sentido!
22 ■	Não me interrompa, já disse.
22 ■	Me deixe terminar!

Mini-diálogo   na reunião

CD-66

A: Vamos cortar metade dos funcionários da empresa e ...

B: O quê? **Lamento interromper, mas** tão de repente? Isso é ...

A: **Eu gostaria de continuar.** Estou pensando a partir do ano que vem e ...

B: **Como eu ia dizendo,** isso deve ser refletido com mais tempo porque ...

A: **Não me interrompa, já disse.**

人の言葉をさえぎる表現

先ほど申しましたように、　　　　　　　　　☐ 20

理解できません。　　　　　　　　　　　　　☐ 21

口を挟まないように、言ったはずです。　　　☐ 22

最後まで言わせて！　　　　　　　　　　　　☐ 23

会議で　一口会話

A: 社員の半数を解雇し、…

B: 何ですって？ 中断させて申し訳ないのですが、そんな急に？ それは、…

A: 続けさせて頂きたいのですが。私は来年にはと考えているのですが、…

B: 先ほど申しましたように、それはもっと時間をかけて検討すべきでは。なぜなら、…

A: 口を挟まないように、言ったはずです。

LAMENTAR

1. Já viu? Era tão bonito! E agora já não presta!
2. Que forreta! Não sejas assim!
3. Que pena! Já não há nada a fazer, lamento!
4. Logo me havia de acontecer isto agora!
5. Bolas! que chatice!
6. Lamento mas não é possível ...
7. Cuidado! O senhor não vê onde põe os pés!
8. Não acredito, logo agora ...
9. Lamentamos muito, mesmo.

Mini-diálogo — no restaurante

A: Boa noite, a reserva está em que nome, senhor?
B: No nome de Pedro. 5 pessoas.
A: Sinto muito Sr. Pedro. A reserva do senhor era para as 6 horas e já são 8 horas. **Lamento muito, mas, não temos mais mesa.**
B: Será que não daria jeito?
B: **Lamento mas não é possível ...**

残念がる表現

もう見た？ とてもきれいだったのよ。でも、もうダメだわ。	☐ 1
何てこと、そんなことじゃダメ！	☐ 2
残念だけど、どうしようもないわ。	☐ 3
今になってこういうことが起きるなんて！	☐ 4
まったく！ つまらない！	☐ 5
残念ながら、〜は無理です。	☐ 6
気をつけて、自分が何をしようとしているか分かっていない。	☐ 7
信じられない、今になって、	☐ 8
本当に残念ですが。	☐ 9

レストランで 一口会話

A: 今晩は、お客様、ご予約はどなたのお名前で？
B: ペドロで、5人です。
A: ペドロ様、申し訳ありません。6時からのご予約で承っておりまして、もう8時です。**残念ですが**、もうテーブル席はございません。
B: 何とかなりませんか？
B: **残念ながら無理です**…

LAMENTAR A MORTE DE ALGUÉM

1. ■ Apresento os meus sentimentos (a ...)
2. ■ Apresento os pêsames.
3. ■ Não poderia ter acontecido isso.
4. ■ É realmente uma pena.
5. ■ É lamentável o que aconteceu.
6. ■ Posso compreender muito bem seus sentimentos.
7. ■ Lamento muito sobre o acontecido.
8. ■ Vamos sentir muita falta.

Mini-diálogo — no velório

A: Joana, **é lamentável o que aconteceu.** O Pedro ainda era tão jovem ...
B: Não sei se consigo superar. Estou tão triste ...
A: **Vamos sentir muita falta dele.**
B: Eu também. Obrigada por ter vindo hoje.

誰かの死を悼(いた)む表現

（〜に）悲しみを表明します。	☐ 1
ご愁傷様でした。	☐ 2
それはいけませんね。	☐ 3
それは本当に残念ですね。	☐ 4
それはお気の毒ですね。	☐ 5
あなたのお気持ちはよく分かります。	☐ 6
心からお悔やみ申し上げます。	☐ 7
とても寂しくなります。	☐ 8

一口会話 — 通夜の席で

A: ジョアナ、（起きたこと=お亡くなりになったこと）とてもお気の毒です。ペドロはまだ若かったのに…
B: 乗り越えられるか分からないわ。とても悲しくて…
A: 私たちはとっても寂しくなります。
B: 私もよ。今日は来てくれてありがとう。

EXPRESSAR PENSAMENTOS E SENTIMENTOS

CD-71

1. Eu estou muito contente.
2. Estou triste.
3. Infelizmente.
4. Estou preocupado(a).
5. Eu me sinto aliviado(a).
6. Ah, que bom!
7. Tenho saudades de você.
8. Estou com saudades de casa.
9. Tenho muita pena dessa gente.
10. Por mim, tudo bem.
11. Eu quero pagar a conta, faço questão.
12. Faço questão de te levar para casa.
13. Fiz questão de ajudá-la quando ela precisava.
14. De jeito nenhum!
15. Não há condições ...
16. De maneira alguma!
17. Deus me livre!
18. Estou morrendo de fome.
19. Caí no desespero.

考えや感情を表す表現

とてもうれしい。	☐ 1
悲しい。	☐ 2
残念です。	☐ 3
心配しています。	☐ 4
ほっとしました。	☐ 5
ああ、よかった！	☐ 6
あなたがいなくて寂しいわ。	☐ 7
家が恋しいわ。	☐ 8
その人たちのことをかわいそうだと思うよ。	☐ 9
私はそれでいいわよ。	☐ 10
私が払います。	☐ 11
あなたを家まで送らせてください。	☐ 12
彼女が必要な時、お手伝いいたしました。	☐ 13
いいえ、絶対ダメです！	☐ 14
どうしても無理です。	☐ 15
不可能です！	☐ 16
とんでもない！	☐ 17
お腹がすいて死にそうです。	☐ 18
私は絶望しました。	☐ 19

| EXPRESSAR PENSAMENTOS E SENTIMENTOS |

20 ■ Não me sinto à vontade.
21 ■ Que vergonha!
22 ■ Que chato!
23 ■ Não adianta.
24 ■ Isto não tem lógica.
25 ■ Isto não faz sentido.
26 ■ Não deixa de aproveitar esta oportunidade.
27 ■ É a vida ...
28 ■ Não queremos abrir precedentes.
29 ■ Nem toca no assunto.
30 ■ Em primeiro lugar,
31 ■ Em último caso,
32 ■ Finalmente! Até que enfim!
33 ■ Cá entre nós ...
34 ■ Não é à toa que ...
35 ■ Pensando bem ...
36 ■ Até certo ponto ...
37 ■ Na pior das hipóteses, ...
38 ■ Cedo ou tarde ...
39 ■ Vamos fazer cara ou coroa.
40 ■ Conto com você.
41 ■ Temos que nos ajudar um ao outro.

考えや感情を表す表現

あまり快適に過ごせないのです。	☐ 20
なんて恥ずかしい！	☐ 21
決まりが悪いわ。	☐ 22
ムダよ。	☐ 23
それでは意味がない。	☐ 24
それはナンセンスよ。	☐ 25
この機会を無駄にしてはダメですよ。	☐ 26
それが人生よね。	☐ 27
我々は、前例を作りたくはありません。	☐ 28
話題に触れないでください。	☐ 29
まず初めに、	☐ 30
最終的に、	☐ 31
やっと、ついに！	☐ 32
ここだけの話ですが、	☐ 33
～なのは驚くことではないけれど、	☐ 34
よく考えてみると、	☐ 35
ある程度までは、	☐ 36
ひどくても、	☐ 37
遅かれ早かれ、	☐ 38
コインをはじいて裏・表を決めましょう。	☐ 39
あなたを頼りにしています。	☐ 40
お互いに助け合わなくてはなりません。	☐ 41

| EXPRESSAR PENSAMENTOS E SENTIMENTOS |

42 ■ Cuidado!

43 ■ Te cuida.

44 ■ Cuide-se.

45 ■ Quem não arrisca, não petisca.

Mini-diálogo no telefone

[CD-72]

A: Então, amor, vou desligar, tá?

B: Tá ... **Tenho saudades de você.** Você está tão longe. Quando vem pra cá?

A: Talvez no mês que vem. Telefono antes, tá?

B: Tá bom. **Cuide-se.** Beijos.

Mini-diálogo com os amigos

[CD-72]

A: Maria, já faz 6 meses que o João foi aos Estados Unidos, hein. E vocês ainda estão namorando? **Cá entre nós**, o Pedro está apaixonado por você!

B: **Nem toca no assunto!** Eu amo o João!

	考えや感情を表す表現

気をつけて！	☐ 42
お元気で。	☐ 43
お元気で。	☐ 44
リスクを犯さないものは、何も手に入れられない。 〔虎穴に入らずんば、虎児を得ず〕	☐ 45

電話で　一口会話

A: じゃあ、ハニー、切るよ、いい？
B: 分かった… とても遠くにいるから、あなたがいなくて寂しいわ。いつこっちに来るの？
A: たぶん来月には。その前に電話するから。分かった？
B: いいわ。**お元気でね**。キスを。

友達と　一口会話

A: マリア、ルーカスがアメリカに行って半年経つよ。君たちまだ付き合っているのか？　ここだけの話だけど、兄貴は君に惚れてるんだよ！
B: その話題には触れないで、ジョアン！　私は彼を愛しているの！

DIRIGIR-SE A ALGUÉM PARA PEDIR AJUDA

CD-73

1 ■ Será que me pode dar uma ajuda?
2 ■ Podia apanhar-me a nota que caiu aí para baixo?
3 ■ Você poderia dar um jeito na situação?
4 ■ Poderia me dar uma mãozinha?
5 ■ Queria uma ajudinha.
6 ■ Você podia me ajudar, por favor?
7 ■ Poderia me fazer um favor?
8 ■ Estou precisando de uma ajuda.

Mini-diálogo no aeroporto

CD-74

A: Ah, encontrei minha mala ...
   Com licença, o senhor **poderia me dar uma mãozinha?**
   Quero pegar aquela mala vermelha.
B: Claro que sim, com todo o prazer.
A: Muito obrigada.

助けを求める時の表現

ちょっと手伝ってもらえますか？	☐ 1
そこの下に落ちた伝票を取っていただけますか？	☐ 2
この状況を何とかしていただけますか？	☐ 3
ちょっと手を貸してくれますか？	☐ 4
ちょっと手助けが欲しいのです。	☐ 5
お手伝いしていただけますか？	☐ 6
お願いを聞いていただけますか？	☐ 7
助けを必要としているのです。	☐ 8

Lisboa

空港で　一口会話

A: ああ、スーツケースを見つけたわ…
　　すみませんが、ちょっと手を貸して頂けませんか？
　　あの赤いスーツケースを取りたいのです。
B: もちろん、喜んで。
A: ありがとうございます。

ATENDER

PESSOAS

1. Entre, por favor.
2. Por aqui, por favor.
3. Sente-se, por favor.
4. Aguarde um momento, por favor.
5. Fique à vontade, por favor.
6. Sirva-se, por favor.
7. Sinta-se em casa.
8. Não faça cerimônia.

Mini-diálogo — visitando uma amiga

A: Olá, passei por perto e vim te dar um alô.
B: **Entre, por favor.** Fico contente pela visita. **Sinta-se em casa, tá?**

応対の様々な表現

入

どうぞお入りください。	☐ 1
こちらへどうぞ。	☐ 2
どうぞおかけください。	☐ 3
しばらくお待ちください。	☐ 4
お楽になさってください。	☐ 5
どうぞ召し上がってください。	☐ 6
おくつろぎください。	☐ 7
ご遠慮なく。	☐ 8

女友達を訪ねて　一口会話

A: やあ、こんにちは、近くまで来たから挨拶に来たんだ。
B: どうぞ、入って。来てくれて嬉しいわ。
　　くつろいでね、いい？

TELEFONE

1. Aqui é o(a) ...
2. Quem fala, por favor?
3. Poderia falar com o(a) ...?
4. Você discouu número errado.
5. Aguarde um momentinho, por favor.
6. Telefone, Sr(a) ...
7. Aguardo contato.
8. O (A) ... está?

Mini-diálogo no telefone

A: Clínica Alves, boa tarde.
B: Aí não é a casa do Pedro?
A: **Aqui é** a Clínica Alves. Que número a senhora discou?
B: 352-6582.
A: A senhora **discou o número errado**. **Aqui** é 352-3582.

電話

こちらは～です。	☐ 1
どちらさまですか？	☐ 2
～さんと話せますか？	☐ 3
間違ってかけています。	☐ 4
ちょっとお待ちください。	☐ 5
～さん、お電話です。	☐ 6
お電話ください。	☐ 7
～さんは、いらっしゃいますか？	☐ 8

電話で　一口会話

A: こんにちは、アルヴェス・クリニックです。
B: そちらはペドロさんのお宅ではありませんか？
A: こちらはアルヴェス・クリニックです。何番にお掛けですか？
B: 352-6582ですが。
A: あなたは間違って掛けています。こちらは352-3582です。

EXPRESSÕES NO MEIO DA CONVERSA

CD-79

1 ■ Ah, é?
2 ■ Sei.
3 ■ Nossa!
4 ■ Puxa!
5 ■ Não diga.
6 ■ Olha só.
7 ■ Meu Deus!
8 ■ Entendi.
9 ■ É mesmo?
10 ■ Eu não sabia disso.
11 ■ Eu não sei.
12 ■ É verdade.
13 ■ Pois é.
14 ■ Sério?
15 ■ Parece mentira!

Mini-diálogo com a vizinha

CD-80

A: Dona Maria, a senhora sabia que entrou ladrão na casa do seu José?
B: **É mesmo?**
A: Roubaram tudo. Não deixaram nada na casa!
B: **Meu Deus!**

相槌の表現
あいづち

ああ、そうですか。	☐ 1
うん、知っている。	☐ 2
まあ！	☐ 3
あら！	☐ 4
そうだったの。	☐ 5
みてごらん。	☐ 6
まあ、なんていうこと！	☐ 7
分かったわ。	☐ 8
本当に？	☐ 9
私は知りませんでした。	☐ 10
そうなんですか。	☐ 11
そうですね。	☐ 12
そうよね。	☐ 13
本当に？	☐ 14
嘘みたい！	☐ 15

隣人と 一口会話

A: マリアさん、ジョゼーさんの所に泥棒が入ったのを知っていますか？
B: 本当に？
A: 全部盗んだそうですよ。家には何も残さなかったとか！
B: まあ、なんていうこと！

INTERJEIÇÕES

REAÇÕES ESPONTÂNEAS DE LINGUAGEM

1. ■ Ah ... bom, aí já é diferente ...
2. ■ Ah, tá, agora eu entendo.
3. ■ Nossa! Olha só!
4. ■ Ufa! Que dia ...!
5. ■ Ai ai ai! Que má notícia!
6. ■ Iiii, aí vem tua mãe.
7. ■ Ôpa! Derramei o leite.
8. ■ Ai! Machuquei meu pé.
9. ■ Ei! O que é que você está fazendo?
10. ■ Eka, que nojo!
11. ■ Tá bom, vamos fazer assim.
12. ■ Tudo bem, já vou fazer.
13. ■ Mm hmm, também acho.

Mini-diálogo — no shopping

A: **Nossa! Olha só!** É a Paula de visual novo! Ficou bonita!
B: **Uau, também acho.**
A: O quê??

感嘆文

自由な言葉の反応

あら、それなら話は変わるわ。	☐ 1
ああ、そうか。やっと分かった。	☐ 2
わあ、あれを見てよ！	☐ 3
何て日！	☐ 4
あ～あ、なんてひどいニュース！	☐ 5
うわあ、お母さんが来るよ！ (トラブルが近づいてくる)	☐ 6
おっと、ミルクをこぼしてしまった。 (小さなミスを犯した)	☐ 7
イタッ、脚を怪我した。	☐ 8
ちょっと、何をしているの？	☐ 9
ウエッ、気持ち悪いわね。	☐ 10
分かった、じゃあ、そうしましょう。	☐ 11
分かった、今すぐするよ。	☐ 12
う～ん、私もそう思う。	☐ 13

ショッピングセンターで 一口会話

A: わあ、あれを見てよ！ パウラがイメチェンしたの。きれいになったわね！
B: ワオ、俺もそう思うよ。
A: 何ですって？？

109

DAR CONTINUIDADE, PROLONGAR A CONVERSA

[CD-83]

1. Por um lado ... por outro ...
2. Passemos à frente ...
3. A propósito (de),
4. Por falar em ...
5. Continuando,
6. É justamente por causa de ...
7. Como eu ia dizendo ...
8. Além disso ...
9. Além do mais,
10. E olha que ...
11. Já agora sabia que ...
12. Bom, adiante!
13. E depois a ...
14. E então o ...
15. Isso quer dizer que ...
16. Veja bem como as coisas são!
17. Como calcula(s)?
18. Como imagina(s)?
19. Como deve(s) calcular,

会話を続けたり、引き延ばすための表現

一方で〜、また他方では〜	☐	1
続けましょう、	☐	2
ところで、	☐	3
〜と言えば、	☐	4
続けます、	☐	5
まったく〜のせい（原因）で、	☐	6
私がお話していましたように、	☐	7
それ以外に、	☐	8
それに、	☐	9
それに見てごらん、	☐	10
〜を知っていた。	☐	11
さて、進みましょう。	☐	12
次に、	☐	13
そして、	☐	14
それは、つまり…	☐	15
物事がどうなのかあるがままに見てごらん。	☐	16
どう考えますか？	☐	17
どう思いますか？	☐	18
お考えのように、	☐	19

| DAR CONTINUIDADE, PROLONGAR A CONVERSA |

20 ■ Como deve(s) imaginar

21 ■ Eu precisava falar muito com você. São só dois minutinhos. Posso?

22 ■ Falando nisso,

Mini-diálogo em casa

CD-84

A: Como foi o vestibular, Mari?

B: Estava difícil. **Falando nisso,** pai, quero falar com o senhor.

A: Amanhã, Mari. Estou muito cansado hoje.

B: **Eu precisava falar muito com você. São só dois minutinhos. Posso?**

会話を続けたり、引き延ばすための表現	
お考えのように、	☐ 20
お話をする必要があるのですが、たったの二分間だけです。よろしいですか？	☐ 21
それはそうと、	☐ 22

家で　一口会話

A: マリ、受験はどうだった？
B: 難しかったわ。それはそうと、パパ、お話があるの。
A: マリ、明日な。今日はとても疲れているんだ。
B: 私は本当に話をする必要があるのよ。たったの二分間だけ。いい？

PERGUNTANDO OU PEDINDO INFORMAÇÃO

[CD-85]

1. ■ Eu tenho uma dúvida ...
2. ■ Posso te fazer uma pergunta?
3. ■ Como é que se diz ... em japonês?
4. ■ O que é que significa?
5. ■ Me dá uma carona?
6. ■ Posso te pedir um favor?
7. ■ Me paga uma cerveja?
8. ■ Com todo respeito,
9. ■ O que é que está acontecendo por aqui?
10. ■ Como assim?
11. ■ O que é que você quer dizer com isso?
12. ■ O que é que você está querendo dizer?
13. ■ Como é que se escreve?
14. ■ Poderia repetir?

Mini-diálogo na sala de aula

[CD-86]

A: Professora, **posso te fazer uma pergunta?**
B: Claro. O que é?
A: **Como é que se diz** "eu te amo" **em japonês**?

情報について尋ねる・乞う時の表現

分からないことがあるのですが。	☐ 1
質問をしてよろしいですか？	☐ 2
日本語で〜はどう言うの？	☐ 3
どういう意味？	☐ 4
乗せて行ってくれる？	☐ 5
お願いをしていい？	☐ 6
ビールおごってくれる？	☐ 7
敬意を表して、	☐ 8
ここでいったい何が起きているの？	☐ 9
どういうこと？	☐ 10
それで何が言いたいの？	☐ 11
あなたが言いたいのは何？	☐ 12
どう書くの？	☐ 13
もう一度言ってください。	☐ 14

教室で 一口会話

A: 先生、一つ質問をしてよろしいですか？
B: もちろん。何ですか？
A: 日本語で "eu te amo" はどう言うのですか？

DESMARCAR OU ALTERAR UM COMPROMISSO JÁ COMBINADO

Formal

1. ☐ Ter que adiar.
2. ☐ Ter que cancelar.
3. ☐ Ter que desmarcar.
4. ☐ Ficar adiado(a).
5. ☐ Ficar cancelado(a).
6. ☐ Ficar desmarcado(a).
7. ☐ A primeira data fica sem efeito.
8. ☐ Combinar para outra altura.

Mini-diálogo com os pais da noiva

A: Oi, Pedro. A Marta está na cozinha.
B: Dona Joana, eu **tenho que adiar** o nosso casamento porque consegui uma bolsa de 3 meses na França.
A: Poxa. A Marta vai ficar contente pela bolsa e triste pelo casamento adiado.

すでに取り決めてあった約束を変更・キャンセルする表現

フォーマル

延期しなければなりません。	☐ 1
キャンセルしなければなりません。	☐ 2
予定を変更しなければなりません。	☐ 3
延期された。	☐ 4
キャンセルされた。	☐ 5
約束を取り消された。	☐ 6
当初の日程は効力無しということで。	☐ 7
別の日にまた決めましょう。	☐ 8

フィアンセの両親と 一口会話

A: あら、ペドロ。マルタはキッチンよ。
B: ジョアナさん、僕はフランス留学の奨学金が3カ月もらえることになったので、結婚式を延期しなければなりません。
A: そんな、マルタは奨学金を喜ぶでしょうが、結婚式を延期するのには悲しむわ。

DESMARCAR OU ALTERAR UM COMPROMISSO JÁ COMBINADO

Informal

1. Afinal não posso estar aqui mais tempo ...
2. Trocamos. Em vez de irmos hoje vamos amanhã.
3. Em vez de amanhã, prefiro na próxima semana.
4. Amanhã não é totalmente impossível mas ...
5. Convém-me mais daqui a alguns dias.
6. Dá para ir outro dia em vez de ir hoje?
7. Era bom se pudéssemos encontrar-nos noutro dia.
8. Surgiu um imprevisto, hoje não posso sair com mais tempo.
9. Amigo, lamento dizer que não vamos poder estar presentes no seu jantar. Surgiu um contratempo com os meus sogros.

Mini-diálogo — com o namorado

CD-89

A: Manuel, a que horas nos encontramos hoje?
B: Carla, **dá para ir outro dia em vez de ir hoje?**
A: Mas eu já marquei com os meus pais que ia levar você!
B: **Surgiu um imprevisto, hoje não posso sair com mais tempo.**

すでに取り決めてあった約束を変更・キャンセルする表現

インフォーマル

結局、ここに長くはいられません。	☐ 1
変えましょう。今日行くのではなく、明日にしましょう。	☐ 2
明日の変わりに、来週の方が都合がいい。	☐ 3
明日はまったく不可能と言うわけではありませんが、	☐ 4
何日か後のほうが都合がいいのですが。	☐ 5
今日じゃなくて他の日でもいい？	☐ 6
他の日にお会いしたいのですが。	☐ 7
急用が出来て、ゆっくり出掛けられないのです。	☐ 8
親友よ。残念ながら私は夕食には出席できません。義父母との問題があるのです。	☐ 9

恋人と　一口会話

A: マヌエル、今日私たち何時に会いましょうか？
B: カルラ、今日行くのじゃなくて他の日でもいい？
A: でも、もう両親にはあなたを連れて行くって約束したのよ。
B: 急用が出来て、ゆっくり出掛けられないんだよ。

CONFIRMAR, VERIFICAR E CLARIFICAR

CD-90

Não compreendeu o que foi dito

1. ☐ Como?
2. ☐ O quê?
3. ☐ Como foi?
4. ☐ Perdão?
5. ☐ Não entendi.
6. ☐ Desculpa, não percebi nada do que disseste.
7. ☐ Desculpe, importa-se de repetir?
8. ☐ Conta lá outra vez.
9. ☐ Não percebi rigorosamente nada.

Mini-diálogo — no telefone

CD-91

A: Alô, gostaria de saber o horário do show de hoje.
B: Temos 2 hoje. O primeiro começa às 7 e meia e o segundo às 9 e 45.
A: **Como? Desculpe, importa-se de repetir?**

確認・明確のための表現

言われたことが理解できなかった場合

何ですって？	☐ 1
何？	☐ 2
何でしたか？	☐ 3
すみませんが？	☐ 4
分かりませんでした。	☐ 5
すみませんが、言われたことが理解できなかったのですが。	☐ 6
すみませんが、繰り返していただけますか？	☐ 7
もう一度話して。	☐ 8
まったく何も分かりませんでした。	☐ 9

電話で　一口会話

A: もしもし、今日のショーの時間を知りたいのですが。
B: 2回あります。初回は7時半から始まり、二回目は9時45分です。
A: 何ですって？　すみませんが、繰り返していただけますか？

CONFIRMAR, VERIFICAR E CLARIFICAR

Compreendeu mas quer verificar

1. ▪ Será isso?
2. ▪ Tu disseste que ..., é isso?
3. ▪ Se não estou em erro,
4. ▪ Se não me engano,
5. ▪ Se não estou enganado(a),
6. ▪ Pareceu-me ouvir tu dizeres que ...
7. ▪ Será que ouvi você dizer isso?

Mini-diálogo com a amiga
CD-92

A: Ciro, quem é aquela garota de ontem?
B: É minha namorada.
A: **Se não me engano,** você namorava a Sandra, não?
B: Terminamos semana passada.

確認・明確のための表現

理解できたが、確認をしたい場合

ということですか？	1
〜ということを言われたのですか？	2
私が理解したのは、〜でいいのですか？	3
もし間違っていないなら、	4
私の誤解でなければ、	5
〜と言われたように聞こえたのですが。	6
あなたがそのように言ったと聞いていますが、そうですか？	7

友達と 一口会話

A: シーロ、昨日の女性は誰？
B: 僕の恋人だよ。
A: **私の誤解じゃなければ、**あなたはサンドラと付き合っていたんじゃない？
B: おれたち先週別れたんだよ。

CONFIRMAR, VERIFICAR E CLARIFICAR

Não tem a certeza se ouviu bem e quer que fique claro

1. ■ Desculpe, não compreendi bem. Poderia repetir?
2. ■ Pode precisar melhor a sua idéia?
3. ■ Por outras palavras, o que é que isso quer dizer?
4. ■ O que é que queres dizer com isso?
5. ■ Repete lá que eu não percebi.
6. ■ Troca lá isso por miúdos.
7. ■ Será que ouvi bem?
8. ■ Me desculpe, poderia repetir novamente, por favor?
9. ■ Poderia falar mais devagar, por favor?
10. ■ O que disse?
11. ■ Sinto muito, mas não entendi muito bem.
12. ■ Desculpe. Podia falar um pouquinho mais alto? Não consigo ouvir nada!
13. ■ Como? Importa-se de repetir?
14. ■ Será que percebi bem?
15. ■ Assim não dá! É impossível ouvir o que tem mesmo que ser!
16. ■ Poderia me explicar de forma clara?

Mini-diálogo no celular

CD-93

A: O e-mail do celular é abc@def.com
B: **Me desculpe, poderia repetir novamente, por favor?**

確認・明確のための表現

聞いたことに確信が持てず、聞き返す表現

すみませんが、よく理解できませんでした。繰り返していただけますか？	☐ 1
ご意見をもっと明確に述べていただけますか？	☐ 2
言い換えると、それはどういう意味ですか？	☐ 3
何が言いたいのですか？	☐ 4
理解できなかったので、繰り返してください。	☐ 5
詳しいことを言ってください。	☐ 6
私はきちんと聞き取れたのでしょうか？	☐ 7
恐れ入りますが、もう一度繰り返してくれませんか？	☐ 8
もう少しゆっくりお願いできますか？	☐ 9
何と言われましたか？	☐ 10
言われることがよく分かりません。	☐ 11
すみませんが、もう少し大きな声でお話し願えますか？　まったく何も聞こえないのです。	☐ 12
何ですって？　差し支えなければ繰り返していただけますか？	☐ 13
私によく理解できたでしょうか？	☐ 14
それじゃあダメ。実際起きている事を聞くのは不可能だ。	☐ 15
明確に説明願えますか？	☐ 16

携帯電話で　一口会話

A: 携帯のメールアドレスは、abc@def.comです。
B: 恐れ入りますが、もう一度繰り返してくれませんか？

MUDAR DE ASSUNTO

1. Falemos de outra coisa, sim?
2. E se mudássemos de assunto?
3. Gostaria de falar de outra coisa.
4. Não creio que isto conduza a alguma coisa.
5. Já chega! Não falemos mais disso.
6. Lembrei-me agora de ...
7. Posso mudar de assunto?
8. Quer parar de falar disso?
9. Já chega desse assunto!
10. A propósito, você já ouviu falar sobre ...?

Mini-diálogo com o irmão

A: Mana, foi uma pena mesmo você e o Antônio terem terminado o noivado ...

B: Obrigada. Mas, **falemos de outra coisa, sim?**

A: Eu sei que você está ressentida. Por que ele pôde fazer isso com você?

B: **Quer parar de falar disso?**

話題を変えたい時の表現

他のことを話しましょう。いいですか？	☐ 1
話題を変えませんか？	☐ 2
他のことをお話したいですね。	☐ 3
その話が何か実を結ぶとは思いません。	☐ 4
もう充分！　それについてはもう話を終わりましょう。	☐ 5
今思い出したことがあるのですが。	☐ 6
話題を変えてもいいですか？	☐ 7
それについて話すのはもうやめませんか？	☐ 8
その話題はもう、うんざりです。	☐ 9
それはそうと、あなたは〜について聞いたことがありますか？	☐ 10

きょうだいと　一口会話

A: 姉さん、アントニオと婚約を解消して本当に残念だよ…
B: ありがとう。でも、他のことを話しましょう。いい？
A: 傷ついているのはわかるよ。何であいつは姉さんにあんなことができたんだろう？
B: それについて話すのはもうやめない？

RETOMAR O ASSUNTO

1. ☐ Onde é que nós íamos?
2. ☐ Em que ponto estávamos?
3. ☐ É melhor retomarmos o início.
4. ☐ Isto já não tem a ver com o ...
5. ☐ Voltemos um pouco atrás,
6. ☐ Por este andar nunca mais saímos daqui!
7. ☐ Voltando à vaca fria ...
8. ☐ Desculpem esta interrupção. Onde é que nós íamos?
9. ☐ Posso voltar o assunto?
10. ☐ Então, o que eu estava falando antes é ...

Mini-diálogo na reunião

A: Então vamos passar para o seguinte tópico ...
Toc toc toc ...
B: Chefe, a sua esposa no telefone.
A: Diga pra ela que ligo depois.
Bom, **desculpem esta interrupção. Onde é que nós íamos?**

元の話題に戻す時の表現

何の話をしていましたか？	☐ 1
どこまで話しましたか？	☐ 2
最初からお話した方がいいと思います。	☐ 3
〜とはもう関係ないですね。	☐ 4
ちょっと戻りましょう。	☐ 5
その調子だとここからは出られません。	☐ 6
戻りましょう。	☐ 7
中断をお詫びします。どこまでお話しましたか？	☐ 8
話を戻してもいいですか？	☐ 9
それでですね、先ほどお話ししていましたのは、	☐ 10

会議で **一口会話**

A: それでは、次の議題に移ります…
トントントン…
B: ボス、奥様からお電話です。
A: 後で電話すると伝えてくれ。
　　さて、**中断をお詫びします。どこまでお話しましたか？**

DESCREVENDO PESSOAS NA CONVERSA

1. Ele é muito simpático.
2. Ele é uma antipatia em pessoa.
3. Ela é muito legal.
4. Ela é muito boa.
5. Ela é uma gracinha.
6. Ela é bonitinha.
7. Ele é um gostosão.
8. Ele é um gato.
9. Ele é um cachorro.
10. Ele está de mau humor hoje.
11. Ele é uma figura.
12. Ele é um tremendo cara-de-pau.
13. Ele é um dedo-duro.
14. Ele tem pavio curto.
15. Ele tem jogo de cintura.
16. Ele é um puxa-saco.
17. Ele é um tremendo CDF.
18. Ele é um chato.
19. Ele é uma criança muito mimada.

会話に出てくる人物の評価をめぐっての表現

彼はとてもいい人だ。 □ 1

彼は嫌なやつだ。 □ 2

彼女はとてもいい人だ。 □ 3

いい女だ。 □ 4

とても可愛い子だ。 □ 5

キュートな子だ。 □ 6

とてもセクシーな男の人ね。 □ 7

ハンサムね。 □ 8

ひどい人よ。 □ 9

今日、彼はご機嫌ななめね。 □ 10

彼はユニークな人だ。 □ 11

彼はとてもずうずうしい人だ。 □ 12

彼はチクリやだ。 □ 13

彼は短気なんだ。 □ 14

彼は臨機応変に物事を進められる。 □ 15

彼はゴマすり男だ。 □ 16

彼は、鉄の頭を持っている。（がり勉） □ 17

彼はつまらない人間だ。 □ 18

彼はとても甘やかされた子どもだ。 □ 19

131

DESCREVENDO PESSOAS NA CONVERSA

20 ■ Ele é um filhinho de papai.

21 ■ Ele é um mão de vaca.

Mini-diálogo na escola

CD-99

A: Olha, aquele é o novato. Alguém conhece?

B: Ele foi namorado da minha irmã.

A: **Ele é um gato!**

B: **Ele é um cachorro**, isso sim.

会話に出てくる人物の評価をめぐっての表現

彼はお坊ちゃんだ。　☐ **20**

彼はとてもケチだ。　☐ **21**

学校で　一口会話

A: 見て、あれは新入生よ。彼のこと誰か知ってる？
B: 僕の妹の彼氏だったよ。
A: ハンサムね！
B: ひどいやつだよ、本当は。

著者紹介

田所清克（たどころ　きよかつ）
　　1948年熊本県生まれ
　　警視庁、ブラジル国立フルミネンセ大学留学を経て、京都外国語大学大学院修了
　　現在、ブラジル民族文化研究センター主幹、京都外国語大学教授、大阪府外国人相談アドバイザー、神戸日伯協会理事
　　専攻は、主として民族地理学を基盤としたブラジルの地域研究およびブラジル文学
　　著書に『ゼロから始めるブラジル・ポルトガル語』『ポルトガル語重要基本構文275』（以上、三修社）、『ブラジル―カーニバルの国の文化と文学』（泰流社）、『ブラジル学への誘い』（世界思想社）、『ブラジル文学事典』（採流社）、『新・教育現場のポルトガル語』（国際語学社）、『異文化を知るこころ―国際化と多文化理解の視座から』（世界思想社）など多数
　　翻訳に『イラセマ』『カカオ』『砂糖園の子』（以上、採流社）、『パンタナルの冒険』（国際語学社）などがある

野中モニカ（のなか　もにか）
　　ブラジル・ブラジリア生まれ
　　1994年、JICA日本語教師研修生として来日（～1995）
　　1996年、文部省の国費留学生として再来日。大阪大学大学院で日本語表現論を専攻、文学研究科博士前期課程修了
　　現在、京都外国語大学、天理大学、甲南女子大学のポルトガル語非常勤講師、関西インターメディアFMCOCOLO（ポルトガル語ラジオ）パーソナリティ、豊中国際交流センター・ポルトガル語スタッフ（母語教育・相談員）、ポルトガル語翻訳、司法通訳、通訳案内士として活躍

ポルトガル語の会話エッセンス ― 定型表現集 ―
2007年10月20日 第1刷発行

著　者　田所清克
　　　　野中モニカ
発行者　前田俊秀
発行所　株式会社　三修社
　　　　〒150-0001 東京都渋谷区神宮前2-2-22
　　　　TEL 03-3405-4511
　　　　FAX 03-3405-4522
　　　　振替 00190-9-72758
　　　　http://www.sanshusha.co.jp/
　　　　編集担当　菊池　暁

印刷・製本　日経印刷株式会社
CD製作　　中録サービス株式会社
カバーデザイン　岩井デザイン
本文イラスト　宮澤ナツ
本文組版　藤原志麻

© Kiyokatsu Tadokoro, Mônica Nonaka 2007 Printed in Japan
ISBN978-4-384-05485-9

R〈日本複写権センター委託出版物〉
本書の全部または一部を無断で複写複製（コピー）することは，著作権法上での例外を除き，禁じられています。本書からの複写を希望される場合は，日本複写権センター（TEL 03-3401-2382）にご連絡ください。

ポルトガル語重要基本構文275
読み・書き・話すためのエッセンス

田所清克 著
四六判　284頁
ISBN978-4-384-05427-9 C1087

ポルトガル語言語圏で日常よく使われる定型表現や重要基本構文を275集め、それぞれに豊富で多様な例文を掲載。ポルトガル語の「読み」「書き」「聞き」「話す」能力をバランスよく高めさせる一冊。
基礎をしっかり固めたい初級者から、応用力をつけたい中級者まで幅広くお使いいただけます。
CD2枚付き。

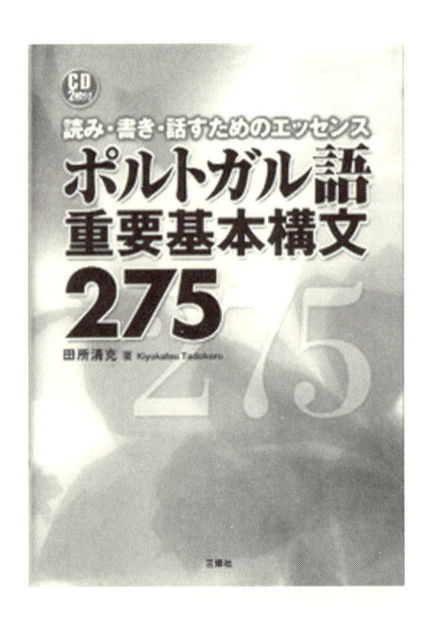